公司治理那些事儿

罗党论 等 编著

广东经济出版社
·广州·

图书在版编目（CIP）数据

公司治理那些事儿 / 罗党论等编著 . -- 广州：广东经济出版社，2024. 6. -- ISBN 978-7-5454-9011-4

Ⅰ. F276.6

中国国家版本馆 CIP 数据核字第 20240F89W3 号

责任编辑：刘亚平　李泽琳
责任校对：李玉娴
责任技编：陆俊帆
封面设计：集力書裝　刘燕珊

公司治理那些事儿
GONGSI ZHILI NAXIE SHI ER

| 出版发行：广东经济出版社（广州市水荫路 11 号 11～12 楼） |
| 印　　刷：广州市豪威彩色印务有限公司 |
|　　　　　（广州市增城区宁西街新和南路 4 号一楼 106 房）|

开　本：889 毫米 ×1194 毫米　1/32	印　张：8.5
版　次：2024 年 6 月第 1 版	印　次：2024 年 6 月第 1 次
书　号：ISBN 978-7-5454-9011-4	字　数：170 千字
定　价：59.00 元	

发行电话：（020）87393830　　　　　编辑邮箱：metrosta@126.com
广东经济出版社常年法律顾问：胡志海律师　　法务电话：（020）37603025
如发现印装质量问题，请与本社联系，本社负责调换
版权所有·侵权必究

《公司治理那些事儿》编委会

主　编

罗党论　中山大学

副主编

何建梅　广东白云学院

编　委

陈思晗　中山大学

陈蕴晴　中山大学

杨锦慧　中山大学

蒋晶晶　中山大学

刘新鹏　中山大学

黄海嫦　中山大学

王　威　中山大学

王诣微　暨南大学

前言

经营得好，企业更挣钱；治理得好，企业更健康。

中国企业的平均寿命是多久？根据美国《财富》杂志报道，中国中小企业的平均寿命只有2.5年，而集团企业的平均寿命只有7—8年。但短短的几十年，中国的企业尤其是从小到大的民营企业，用了很短的时间走了很长的路。中国企业联合会发布的"2023中国企业500强"榜单显示：营业收入超过1000亿元的企业增至254家，占比首次超过50%。其中，有16家企业营业收入超过1万亿元，这是中国奇迹。但一家企业"大"不代表"强"，过去十年，从世界500强名单上消失的中国企业共有57家。总结这些企业失败的原因，很大的共性就在于公司治理失败。

正所谓"以史为鉴，可以知兴替；以人为鉴，可以明得失"，历史照鉴未来，要善于从历史中总结经验、吸取教训，才能避免未知的暗涌和险礁。

本书着眼于自我国资本市场建立以来在企业发展中存在的公司治理问题，有针对性地选取了9个公司治理失败的典型案例。各个案例详细梳理了问题企业成立和发展的全过程，系统地分析了该企业在公司治理过程中存在的问题，并结合企业创始人的人生经历和个人特质深入挖掘其公司治理失败的原因。在此基础上，本书进一步探索应对公司治理问题可能有效的策略，以此为我国企业提升公司治理水平、推动公司治理现代化提供新的思路。

针对企业发展问题，习近平总书记在党的二十大报告中明确提出，"完善中国特色现代企业制度，弘扬企业家精神，加快建设世界一流企业"。我们认为，要想建设世界一流企业，需要解决公司治理问题、完善公司治理机制、提升公司治理效能。

本书最大的特点是采用财经小说的写法，通过生动有趣的语言再现一个个跌宕起伏的公司治理故事，使读者在沉浸式阅读体验中逐步加深对公司治理的理解。此外，本书脉络清晰、深入浅出、解析透彻，具有很强的指导性、启发性和教育意义，适用于不同的学习风格和教学模式。本书既可以作为读者自主学习的参考资料，加深对公司治理实务的了解；也可以作为教师授课的辅导材料，引导学生对公司治理问题进行思考和探讨。

具体而言，本书总结的案例适合企业管理者、工商管理硕士（MBA）、高级管理人员工商管理硕士（EMBA），以及商学院的本科生和研究生阅读参考。

对企业管理者来说，本书总结的案例可以帮助他们认识公司治理的重要性和意义，从失败中吸取教训，避免重蹈覆辙。企业管理者只有在充分认识公司治理作用的基础上，做好公司治理的顶层布局，建立高效、科学的公司治理机制，完善公司治理结构，才能推动企业持续健康地发展，最终实现基业长青的目标。

对学生来说，这些案例贴近现实生活，充分展现了公司的运作实务，能让他们对公司治理的理解更加全面和深刻。在阅读的过程中，学生的判断能力和思辨能力也能得到有效的训练。

本书由罗党论与何建梅拟定写作思路、提纲、核心观点并主持修改、定稿。写作分工如下：第一章（陈蕴晴），第二章（杨锦慧），第三章（陈思晗），第四章（蒋晶晶），第五章（刘新鹏），第六章（黄海嫦），第七章（王威），第八章（陈思晗），第九章（王诣微），最后由罗党论统筹修改。本书中的案例仅代表作者个人观点，不代表任何机构的观点。

最后，我们希望您在阅读本书时保持独立思考，能有所得、有所获、有所长，并将其运用到日常生活中的方方面面；也希望您在有一天成为决策者时，会为读过这本书而感到欣慰。

罗党论
2023年9月9日

第一章　支付宝：控制权争夺、博弈与公司发展 / 001

重组风波起，马云惹众议 / 004

股权转移夺"宝"始酿，VIE终止信"马"由缰 / 008

和解协议：天下没有不可探讨的利益 / 015

忆往昔雅巴结连理："恶之花"的伏笔 / 017

股权回购未及所望，一"宝"在手如愿以偿 / 023

第二章　科兴：股权争夺，兄弟变仇人 / 031

伯乐与千里马的相遇 / 032

罗生门的开端：间隙起，矛盾生 / 034

外资入局：两人恩怨中的第三者 / 040

"两个司令部"：相互攻讦，祸起萧墙 / 043

风波渐平：人生若只如初见 / 048

第三章 雷士照明：三战控制权，一代枭雄陨落 / 055

赤子追梦：出生草根，毅然南下，与灯结缘 / 058

雷士崛起：大胆布局，强势发展，勇领前茅 / 059

控制权争夺第一战：矛盾初起，割袍断义，分道扬镳 / 060

控制权争夺第二战：引狼入室，力挽狂澜，化险为夷 / 062

控制权争夺第三战：再次引狼入室，孤立无援，被迫出局 / 075

几番沉浮起落：中国的吴长江们该何去何从 / 082

第四章 微念：昔日桃源子柒，今已人面桃花 / 089

初见桃花林：意外走红与真诚合作 / 091

豁然开朗：IP化、品牌化变现道路 / 094

今是何世：从桃花源走向泥潭 / 099

便扶向路：矛盾深埋于公司架构 / 104

遂迷，不复得路：深陷利益分配困局 / 107

皆叹惋：微念于泥潭中的自救 / 111

目录

第五章　ofo小黄车：成也一票否决，败也一票否决 / 117

意气风发，高楼将起 / 120

鲜花着锦，烈火烹油 / 122

祸起萧墙，大厦将倾 / 126

第一次一票否决：合并僵局 / 126

第二次一票否决：融资僵局 / 132

第三次一票否决：收购僵局 / 134

刨根问底，以启后人 / 138

道尽途穷，朝不虑夕 / 142

第六章　康佳：累积投票制和网络投票，中小股东的维权之路 / 147

"父争子利"，中小股东积怨已久 / 148

厉兵秣马，剑指董事会席位 / 150

累积投票制，为强者锦上添花还是为弱者雪中送炭？ / 153

出乎意料，胜利来得太猛烈 / 156

摩拳擦掌，中小股东的一系列行动 / 159

沉疴难起，胜负早有定局 / 162

天之亡我，非战之罪也 / 164

第七章　上海电气：没有控股权的控股 / 169

应收账款减值与总裁跳楼自尽 / 170

"徒有其表"的大股东 / 174

股权安排：形成利益交换的隐蔽方式 / 181

融资性贸易：瞒天过海的敛财手段 / 187

尾声 / 189

第八章　北大方正："最大校企"的兴衰沉浮 / 193

梦幻开局，剑指第一校企 / 195

内斗频繁，纷争迭起 / 197

李友入局：逼宫夺权，疯狂扩张 / 199

校企改制，是"输血"还是"侵吞"？ / 201

矛盾升级，致命斗法 / 209

破产重整，辉煌已然落幕 / 215

时过境迁，校企能否涅槃重生？ / 219

第九章　华融："一把手"治理与国有企业发展 / 225

事过境迁：华融的前世今生 / 226

官仓硕鼠：赖小民的崛起与覆灭 / 232

治理失效：只手遮天，障碍全无 / 237

国企治理："一把手"监督的重中之重 / 244

参考文献 / 251

后　记 / 255

第一章
支付宝：控制权争夺、博弈与公司发展

陈蕴晴

- 第1招：步步为营
- 第2招：借用良言
- 第3招：抽丝剥茧
- 第4招：有的放矢

扫码出招
看公司治理如何反败为胜

激荡二十载,互联网商业史对马云从未吝惜过赞慕。他曾白手起家,缔造阿里巴巴集团(简称"阿里巴巴")神话,造IT雄势,引百舸千帆竞发;他曾独当一面,引领蚂蚁集团走向巅峰,瞻时代前沿,领金融科技之变;他曾是声名显赫的创业教父,是颇有名望的企业家标杆,是笑傲资本市场胜局的"风清扬"[①]。

然而,不存在永恒的天之骄子。

市场既善于毫无保留地赞慕,煽起躁动、狂热、激情与满腔的热血,亦擅长追根刨底地批驳,以口诛笔伐让人感到不堪、绝望,最终陷入残局、陷于至暗。

2020年11月2日,蚂蚁集团实际控制人马云和蚂蚁集团的其他高管被中国人民银行、中国银保监会、中国证监会、国家外汇管理局联合约谈。次日晚,上市进程"一路绿灯"的蚂蚁集团因IPO事宜被从天而降的监管函紧急叫停。监管函称,由于公司所处的金融科技监管环境发生变化,可能导致其不符合上市条件或信息披露的要求。一时间,股票代码"688688"呼之欲出的"要发要发"的声音破碎,欲与茅台试比高、超过200亿元的打新资金黯然失色,近666万户"A+H"两市的股民在即将问鼎财富巅峰时失重坠落。

2020年12月26日,金融管理部门二次约谈蚂蚁集团给出了定性

[①] 马云酷爱金庸的武侠小说,自诩"风清扬"。

的答案:"蚂蚁集团不仅法律意识淡薄,藐视监管合规要求,存在着违规监管套利的行为,公司的治理机制极不健全,在同业竞争中有一手遮天之嫌。"[1]

无疑,蚂蚁集团亟须整改。正如丘吉尔所言:"没有最终的成功,也没有致命的失败,最可贵的是继续向前的勇气。"

2022年6月,蚂蚁集团披露董事会变更事项,阿里巴巴副首席人力官蒋芳不再任董事一职,新一届董事会独立董事占比上升至50%,董事会成员包括集团内两位资深首席技术官,知名经济学家、财务专家、法律专家、监管人才各一位,股东代表董事两位,女性董事占比超过三成[2],呈现出多元化、专业化、独立健康的董事会格局。2022年7月,在阿里巴巴披露的最新合伙人名单中也不见蚂蚁集团管理层的踪迹[3],蚂蚁集团与其主要股东的隔离再度强化,公司治理问题进一步升级。

回首萧瑟处,这并非蚂蚁集团第一次曝出治理问题,其前身支付宝的治理闹剧距今已十年。而闹剧背后,行业监管的暧昧与迟疑、外资对本土企业敏感性资产的权属涉及、委托人和代理人之间的诉求分歧、创始人在资金需求与控制权选择上的矛盾纠结等一系

---

[1] 三次约谈+天价罚单 从监管事件揭露蚂蚁集团产品经营本质 [EB/OL].(2021-04-21).https://guba.sina.com.cn/?s=thread&tid=17136&bid=13015.
[2] 蚂蚁集团进一步升级公司治理,董事会独董占比上升至50% [EB/OL].(2022-06-01).https://baijiahao.baidu.com/s?id=1734409486313530944&wfr=spider&for=pc.
[3] 蚂蚁集团管理层不再担任阿里巴巴合伙人 公司治理架构更清晰 [EB/OL].(2022-07-26).https://cj.sina.com.cn/articles/view/1076684233/402ce5c9020020we9.

列问题无不显现其间。虽然这些事件已逐渐淡出人们的视野,但只有通过不断回溯、追问、剖白、解析这一治理闹剧,把它晾在阳光下,才能拥有继续向前的勇气。

对于蚂蚁集团如是,对于IT行业如是,对于整个资本市场亦如是。

重组风波起,马云惹众议

2011年,阿里巴巴迎来第一个本命年。

在古老的东方信条里,本命年向来是凶煞不利的流年。人们试图跳脱迷信的束缚,可历史的一帧一幕又好似在不断强化这一迷信的诅咒,比如马云和他的阿里巴巴。

戏码自2011年5月中旬拉开序幕。

2011年5月11日(中国时间),雅虎提交给美国证券交易会的报告披露,阿里巴巴为尽快获得支付宝支付牌照,内部进行了重组,其持有的支付宝(中国)网络科技有限公司的100%股权,已在2010年8月完全转移至一家由马云和谢世煌出资设立并完全控股的中国内资公司——浙江阿里巴巴电子商务有限公司(简称"浙江阿里巴巴")。在2011年第一季度末,支付宝解除协议控制,正式完成分拆[①]。消息一出,雅虎的股价不出所料地应声下跌。

[①] 谢睿.支付宝重组 马云控股公司接管[N].南方都市报,2011-05-13.

当时，雅虎不仅在中国出师不利，在美国本土互联网企业的角逐中亦深陷失落沙洲。与之大相径庭的是，阿里巴巴却异军突起。一方面，淘宝在与易贝（eBay）的电商市场激战中大获全胜，如日中天；另一方面，支付宝作为其关键的交易支撑，正蒸蒸日上。日薄西山之时，雅虎不得不承认，阿里巴巴的股权才是其含金量最高的资产。可此时，支付宝竟闷声不响地从阿里巴巴流失了出去，股东们势必要重新评估靠阿里巴巴股权苟延残喘的雅虎的价值。

随后，支付宝发表声明证实该消息的真实性，并称此举是为了达到《非金融机构支付服务管理办法》（又称"二号令"）的要求，保证支付宝拿到监管部门的支付牌照[①]。一波未平，一波又起。2011年5月12日，雅虎的对外声明以及借美媒散播的消息，将马云彻底推上了舆论的风口浪尖。雅虎表示，支付宝的股权转移分两次完成，前后共计作价人民币3.32亿元，2009年6月转移70%，作价1.67亿元，2010年8月转移剩余的30%，作价1.65亿元，但两次的股权转让以及最终达成的所有权变更并未获得董事会的授权，阿里巴巴更未及时履行通知义务，直至2011年3月11日，包括雅虎、软银在内的大股东们才从管理层知悉此事详情[②]。对此，阿里巴巴集团旋即进行驳斥，称早在2009年7月召开的董事会上，支付宝的第一次股权转让就

[①] 曹敏洁.马云答疑："支付宝重组"百分之百合法［N］.东方早报，2011-05-15.
[②] 支付宝重组谈判初现转机 马云为股价向股东道歉［EB/OL］.（2011-05-18）.http://news.cntv.cn/society/20110518/107386.shtml.

已经董事讨论和确认[①]（图1-1）。

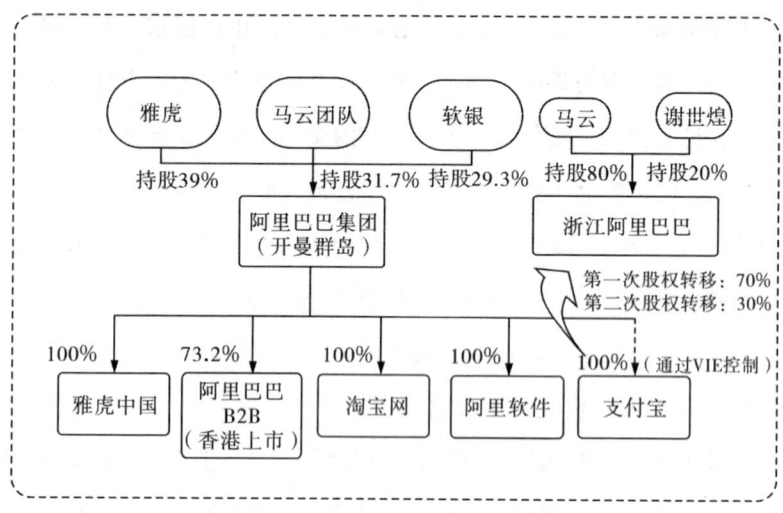

图1-1　支付宝股权转移前后对比

双方各执一词，孰真孰假，谁是谁非？时间会给出答案，但舆论不容漫长的等待。群情鼎沸，关于马云"窃取"支付宝的怀疑与诘责甚嚣尘上。

彼时，支付宝在国内第三方支付市场已经占据半壁江山，保守估值高达50亿元。先抛开马云是否私自转移股权不说，仅仅3.32亿元的转让对价，就显然有失公允。若真如雅虎所言，马云又绕开董事会私自腾挪支付宝股权，"窃取"甚至言轻了，"抢劫"更恰当。

追问、施压、发难，这是商业上人们惯用且无比擅长的手段。

[①] 曹敏洁.马云答疑："支付宝重组"百分之百合法 [N] .东方早报, 2011-05-15.

人心满是破洞，洞内是极力掩盖的真相，洞外是万般焦炽的强光。马云的松口，更像是强光透射下一场矛盾交织的投降。

2011年6月2日，马云在美国参加了《华尔街日报》第九届数字大会，首度承认支付宝的股权转移确实由管理层单方面实施，但强调此举是在告知股东后，股东不置可否的情况下进行的[①]。然而，半个月前在香港举行的阿里巴巴股东大会上，马云还就外界有关支付宝重组未经大股东同意而不合法的质疑做出"百分之百合法、百分之百透明"的保证[②]。

无疑，雅虎在舆论场上的先发制人已将马云置于不利位置，马云言语前后不一致正好给外界对他的质疑添了一把火。

知名媒体人胡舒立在《新世纪周刊》发表社论《马云为什么错了》，怒斥其践踏契约精神。马云的好友史玉柱在网络平台发表的"爱国流氓"论更是"火上浇油"，让"爱国"一时间成为"流氓"的挡箭牌，几乎将马云的违约嫌疑坐实。

《马云为什么错了》一文发表后，在美国出差的马云与胡舒立通过短信交流了长达两个小时。为消除误读和误解，马云在回国后召开媒体沟通会，支付宝事件的完整经过浮出水面。

---

① 苏龙飞.股权战争：创投界的MBA式教案[M].北京:中国法制出版社,2019.
② 曹敏洁.马云答疑："支付宝重组"百分之百合法[N].东方早报,2011-05-15.

股权转移夺"宝"始酿，VIE终止信"马"由缰

2011年6月14日，杭州阿里巴巴总部淘宝会议室，媒体沟通会持续了近三个小时。

彼时，窗外大雨倾盆，黑云压城。刚从美国谈判回来的马云一脸疲态。

据马云所述，支付宝股权转移与中国人民银行对第三方支付行业的监管密不可分，董事会就其如何获取支付宝支付牌照的问题讨论了近三年，但每次都无法达成共识。2009年4月，中国人民银行出台对非金融机构企业做备案登记的文件，支付宝在政策解读时参照了商业银行外资持股比例的规定，认为保持一定的中资比例即可拿牌照，于是有了当年6月70%股权的转让[①]。7月24日，阿里巴巴集团董事会形成会议纪要，授权管理层完成股权结构调整以便获取牌照[②]，于是支付宝剩余的30%股权转入浙江阿里巴巴也成了顺理成章的事（图1-2）。

---

① 谢鹏，刘佳.马云捅破潜规则？[J].报林，2011（7）：68-75.
② 同上。

第一章 支付宝：控制权争夺、博弈与公司发展

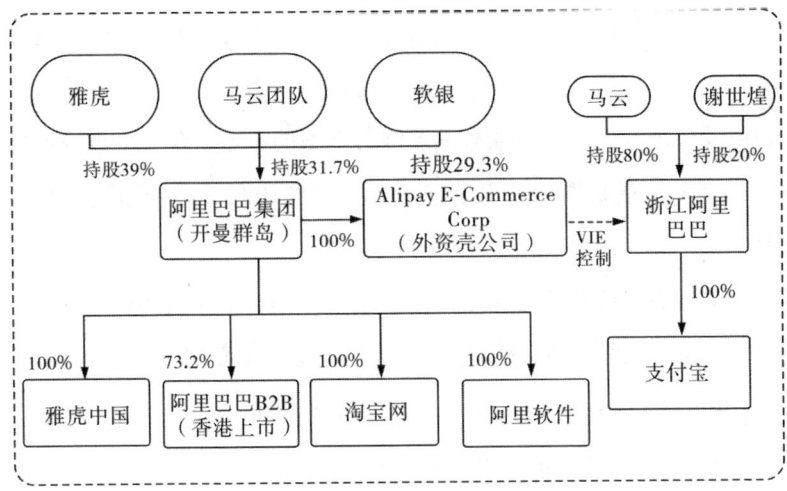

图1-2 股权转移完成后阿里巴巴关系实貌

注：阿里巴巴通过全资子公司Alipay E-Commerce Corp与浙江阿里巴巴签订一系列协议，也就是VIE（协议控制），最终形成支付宝"表面内资持有，实际外资控股"的特殊架构。

会议纪要签字为证，马云圆了一说，股权转移并非雅虎所宣扬的"毫不知情"。但奇怪的是，为什么支付宝第一次股权转让未得到董事会授权便可以完成？股权结构调整如此重大的事项为什么没有形成正规具体的协议并经董事会、股东会公开表决批准[①]？管理层在股权结构调整事宜上被授予的权限有多大？是否大到足以让马云单方面做出解除VIE的决定？马云并没有对这些关键问题给出令人信服的回答，有些甚至避而不谈，由此再受诟病。

---

① 《公司法》约定的重大事项包括目标公司子公司的重组。

公司治理那些事儿

马云恐怕没有意识到，自己每剥开一片洋葱，就会有虎视眈眈的人对其疯狂咀嚼。洋葱永远剥不完，咀嚼的欲望同样永无止境。如何妥善地公关，是企业家需要终身学习的课题。合法合规地进行公司治理，更是作为阿里巴巴董事会主席的马云必须履践的治理要义。

矛盾的彻底激化就在于"单方面解除VIE"。截至2010年8月，支付宝虽然已经完成100%股权的转移，但仍由阿里巴巴全资子公司Alipay E-Commerce Corp以VIE的方式进行控制，以免损害阿里巴巴大股东的利益。直到2011年3月31日，马云终止了这一控制，将支付宝从阿里巴巴拆分出去（图1-3）。理由是当天是向监管部门报备的最后一天，他必须做出一个决定。2010年6月14日，中国人民银行发布《非金融机构支付服务管理办法》，该办法规定，支付牌照的申

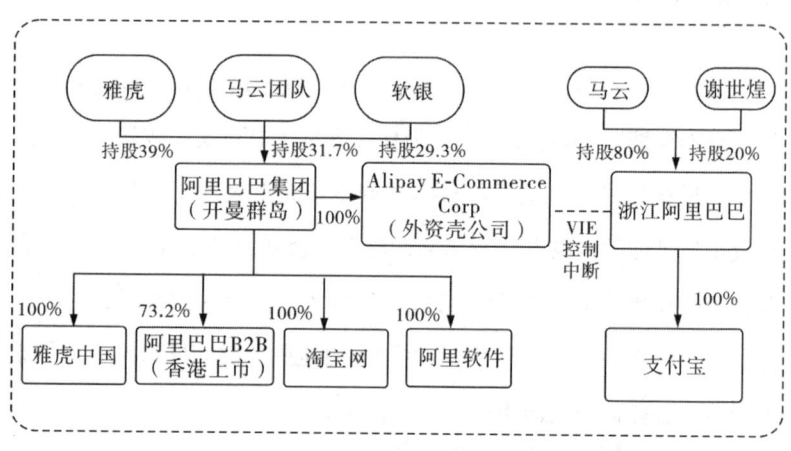

图1-3　支付宝"单飞"

请人若含有外资成分,需由中国人民银行另行规定并报国务院批准。正是马云解除VIE控制支付宝的决定,导致支付宝彻底脱离阿里巴巴,使得阿里巴巴的合并报表上再也无法体现支付宝的耀眼业绩。

阿里巴巴的大股东岂会甘心?支付宝的股权,算得上雅虎价值最大的资产;对于软银,这也是让其赚得盆满钵满的摇钱树和印钞机。

"我做了一个艰难的决定,虽然不完美但是正确。"马云表示自己负重前行。他的"正确",指支付宝支付牌照的获取完全符合国家法律规定;他的"不完美",指自己单方面取消协议控制,有违约嫌疑。

于马云而言,或许这确实是一个艰难的决定。《非金融机构支付服务管理办法》在外资准入问题上"另行规定并报国务院批准""逾期(2011年9月1日)未取得支付牌照,则不得从事支付业务"的严肃规定,如同一把达摩克利斯之剑悬在头上,时时刺激着他敏感的神经。VIE的方式是否受国家认可?如实以VIE报备会有什么样的结果?"另行规定并国务院批准"的流程是否漫长、烦琐?是否会导致支付宝无法顺利拿到牌照而瘫痪?这些都是他需要审慎斟酌的问题。在"董事会围绕VIE协商未果,监管部门分分钟要我做决定""总得有人把事情进行下去"的最后时刻,他必然知悉,自己单方面终止VIE的行为,在治理程序上的违法违规将让他企业家的良好名声承受巨大的滑坡压力。

然而，业界对此做出的反应可能连他都始料未及。

"自选择"的缺陷使得"终止VIE"对获取支付宝支付牌照的影响无从评判，但"单方面终止VIE"的弊害却在时下的验证里给出了一针见血的答案。

VIE（Variable Interest Entities），即"VIE结构"，也称为"协议控制"，指的是企业在海外（一般是开曼群岛）注册离岸公司，随后在境内间接设立一家外商独资企业（WFOE，壳公司），通过一系列协议将外商独资企业与境内业务运营实体绑定，从而使该实体的经营可以顺利输送到海外融资主体①的制度安排（图1-4）。

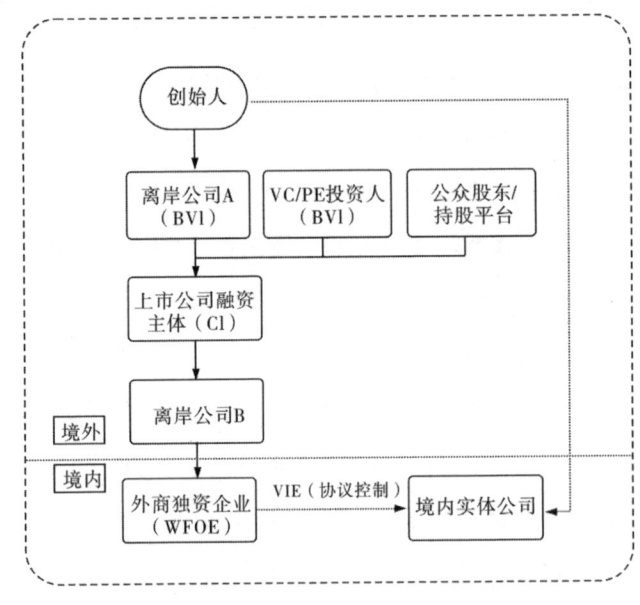

图1-4　VIE图解

---

① 李彦宏提案获行业人士支持：给VIE"松绑"［EB/OL］.（2013-03-07）. http://tech.cnr.cn/jdxw/201303/t20130307_512094561.shtml.

京东创始人刘强东直言:"就我知道的国内所有拿到融资的互联网企业,包括上市和未上市的,全部是VIE结构,包括京东商城。"由此可以看出VIE对于IT企业融资的重大意义。正常终止VIE,引发的是个别企业利益相关者的纠葛;而马云单方面终止VIE,引发的却是全球资本市场的"蝴蝶效应"。在阿里巴巴大股东"谁动了我的奶酪"的惊异发问下,无数依靠VIE融资的外资公司大股东亦要时刻警惕"谁将会动我的奶酪",或将引发其对中国企业的投资退避三舍。支付宝的这一做法不仅触碰了IT行业的敏感线,更致命的是,还撬动了全球投资界对中国创业企业的信任根基,成为当年中概股做空危机猛烈的一大催化剂。

无怪乎,易凯资本创始人王冉义愤填膺:"我还是愿意相信监管部门会站在真正的国际利益的高度,不会让已经生根了10年、涉及数万亿美元资产的VIE说打破就打破,不会让那么多中国企业在国际上背上'背信弃义、过河拆桥、不讲原则'的骂名,更不会自己打自己的嘴巴。"

事实上,当初不只阿里巴巴董事会的孙正义、杨致远主张VIE可行。据媒体报道,面对监管部门征询函"若公司存在外资参控股或VIE,则要报备;若无,则要保证情况属实并盖章"的要求,已拿到第三方支付牌照的企业也不排除存在VIE的假内资情况。

那么,为什么别人可以使用VIE,而支付宝就不可以?

马云被孙正义反复问及。他被逼急后的回答是:"我说不可以就是不可以。"这很难不让熟知阿里巴巴过往的人士将阿里巴巴和雅虎争夺控制权的纠葛加以联系，并揣度其举动背后的真实动机。

站在雅虎、软银的角度，VIE当然不可中断，支付宝在沉淀资金上的想象空间巨大，一旦中断，利益输送的链条将就此切断，日后支付宝上市所带来的暴利将与其无关。站在马云的角度，"每赚一元，便有四毛交给雅虎，三毛交给软银"的现状非所乐见，丧失控制权的危机感亦因当年雅巴所签协议的到期而如箭在弦。阿里巴巴多次就股权回购事宜与雅虎坐到谈判桌前，但每次都无疾而终。于马云而言，这是一个夺回支付宝以完全控制阿里巴巴核心资产并增加股权回购筹码的最佳时机。"表面内资持有，实则外资控股"的特殊架构、非金融机构监管条例的含糊不明让支付宝支付牌照的取得充满不确定性。假如支付宝因VIE架构而无法顺利取得牌照，其运营将不合法，淘宝就会陷入瘫痪，阿里巴巴亦将无法成长，不仅马云无法承受，就连雅虎、软银也不愿意看到这样的结果。更何况，尽管马云单方面终止VIE违背治理正义，但在大多数人眼里，维护国家金融资产安全乃更"大"的政治正确。

一子错，满盘皆落索。马云深谙这个道理。

他下了关键一子，锁定棋局。

和解协议：天下没有不可探讨的利益

终止VIE后的第二天，马云将此事告知大股东雅虎、软银。生米已经煮成熟饭，大股东即便愤愤不平，也只能接受这一事实。不过到了此时，如何在补偿谈判中为自己争取最大的利益，又留下了另一个供三方斡旋的余地。

于是，就有了前述雅虎在舆论场上的造势，以直接回避VIE绕过中国法律监管"灰色地带"的问题，转而将焦点聚集在在大股东毫不知情的情况下，马云转移支付宝股权并将支付宝拆分出去上，进而激起华尔街对马云"偷窃""抢劫"支付宝、"违背契约精神"的愤怒情绪，使得投资者、媒体向美国政府施压，让美国政府向中国政府提出交涉[①]。雅虎通过事件性质的严重性不断给马云施压，以便自己在谈判中获取有利地位。

直到雅虎和阿里巴巴双方传出达成和解协议的消息，孙正义都迟迟不愿表态。知情人士推测，当时孙正义一方面要参与雅虎与阿里巴巴关于支付宝事件的谈判；另一方面持有日本雅虎42%股权的软银亦正在与雅虎谈判收购日本雅虎事宜。孙正义之所以一直不愿走上谈判桌，是企图以前者的谈判条件来换取后者谈判的筹码[②]。马云

---

① 2011年5月中美战略对话，美方提及支付宝事件。
② 张潇.马云谈支付宝重组纠纷："很复杂 但我很乐观"[N].新快报，2011-06-03.

也直白地表示，当时的谈判，雅虎好谈，因为雅虎已经清楚形势，谈判就一个"利"字，而孙正义最不好谈。

2011年7月29日，阿里巴巴董事会主席马云带着两名律师与大股东雅虎、软银经过反复磋商，终于就支付宝重组事件达成共识并签订和解协议。也正如马云在当年5月阿里B2B的股东大会上所言，"天下没有不可探讨的利益"。两个多月后的这份协议，绝妙地印证了这一商场真谛。

在承认支付宝作为浙江阿里巴巴全资子公司并解除阿里巴巴通过VIE控制支付宝VIE的前提下，该协议主要约定[①]：

> 支付宝在六年内以上市公开发行股票、公司转让（转让≥37.5%股权）或直接卖出的形式实现变现时，应一次性支付阿里巴巴等价于支付宝价值37.5%的权益，权益金额预计为20亿美元至60亿美元。若六年内未发生变现事项，该权益对价将会在原范围基础上有所增加；若十年后变现事宜未发生且支付宝权益价值超过10亿美元，阿里巴巴则有权强制要求支付宝母公司支付变现对价；直至支付宝上市或者变现事项已经发生，支付宝每年都应该向阿里巴巴支付知识产权许可费和软件技术服务费，金

---

① 阿里巴巴、雅虎、软银协议全文［EB/OL］.（2011-07-29）. https://wenku.baidu.com/view/cec6cd7acb50ad02de80d4d8d15abe23482f03c9.html?_wkts_=1691659273142.

额为支付宝及其子公司合计税前利润的49%。

至此,支付宝事件终于落下帷幕。对于阿里巴巴及其大股东而言,或许这是一个较为理想的结果。"最终达成的协议将会维护淘宝的价值,并让各方分享支付宝的利润,同时确保阿里巴巴能在支付宝上市时得到价值兑现。"[1]更重要的是,"可以确保支付宝拥有牌照并且安全、健康、稳健地可持续发展。"[2]

追本溯源,这场围绕支付宝重组的闹剧,本质上还是雅虎和阿里巴巴之间控制权博弈下的产物。或许早在"雅巴联姻"时,便已埋下伏笔。

忆往昔雅巴结连理:"恶之花"的伏笔

2005年8月初,上海《第一财经日报》和美国《福布斯》先后以精悍的标题、简短且惊人的内容引世人瞩目。舆论随前者"阿里巴巴鲸吞雅虎中国,雅虎10亿美元陪嫁"与后者"雅虎计划以将近10亿美元的价格收购阿里巴巴35%的股份,目前双方正就此展开谈判"的报道引发一片哗然。而引发舆论哗然的原因,当然不乏"10亿美元"的天文数字,更有到底是谁并购了谁的猜测。雅虎和阿里巴巴

---

[1] 陆春.支付宝商业谈判终成正果 [N].钱江晚报,2011-07-30(B4).
[2] 同上。

彼时的地位可谓悬殊——阿里巴巴还只是一个初出茅庐的小弟，而雅虎却已是名声大噪的互联网大哥。

但不管怎么说，"雅巴联姻"在官宣前显然已经造足了势。

2005年8月11日，七夕当天，近1 000平方米的会议厅在聚光灯的照耀和色彩鲜艳的幕布映衬下显得格外喜庆，展板上"阿里巴巴与雅虎公司全面战略合作新闻发布会"的大字十分耀眼。阿里巴巴创始人兼CEO马云、雅虎公司全球COO罗森格、双方部分高管，还有数百名电视台、网媒、报刊的记者共同见证了这场"世纪婚礼"。

马云的口才果然名不虚传。发布会开始不久，他便以并不高亢却足以让在场的人热血沸腾的嗓音宣布了"中国互联网将会有一场大变局"的重磅战略。阿里巴巴全面收购雅虎中国的所有资产，包括雅虎的门户、一搜网、3721和雅虎在一拍网上的所有资产。同时，雅虎为阿里巴巴公司投入10亿美元现金，成为阿里巴巴重要的战略投资者之一[①]。

随后，马云又指着大屏上放映着的多年前与杨致远的合影，用如沐春风的比喻将雅虎和阿里巴巴合作的浪漫气氛渲染到极致：

"可以说，这场'恋爱'从七年前就开始了。这张照片是七年前杨致远访问中国，我们在长城上留下的合影。从那时起，我们就开始相互欣赏了，而现在，这场'恋爱'终于有了结果。"

时至今日，回望整个中国商业史，我们依然不难理解"雅巴联

---

① 刘世英.马云正传[M].长沙：湖南文艺出版社，2008.

姻"所带来的轰动反响。这是一桩在中国商界几乎算得上是"前不见古人，后不见来者"的并购交易，其复杂程度不亚于因笔画复杂而在输入法中用拼音替代的中国汉字"biáng"（𰻞）。

这笔10亿美元的天价交易，实际上是通过四笔细分交易来完成的（图1-5）。

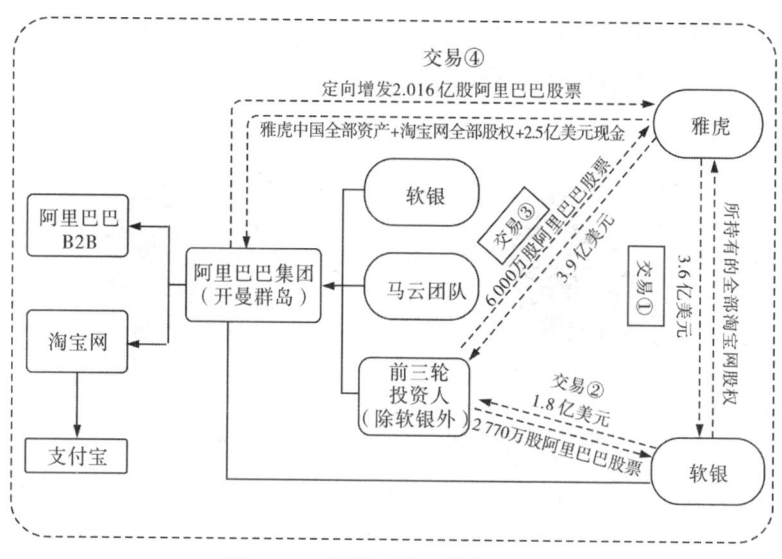

图1-5　10亿美元的天价交易拆解

交易一：雅虎用3.6亿美元收购软银所持有的全部淘宝网股权。

交易二：软银从淘宝网股权得来的3.6亿美元中拿出一半，接手了阿里巴巴前三轮投资人转让的2 770万股阿里巴巴股票。

交易三：雅虎用3.9亿美元收购了阿里巴巴前三轮投资人（除软

银外）所持有的6 000万股阿里巴巴股票。

交易四：雅虎以"2.5亿美元现金+淘宝网全部股权+雅虎中国全部资产"，换取阿里巴巴向雅虎增发的2.016亿股股票[①]。

此次交易完成后，阿里巴巴前三轮投资人彻底套现退出，雅虎正式入局阿里巴巴，并以39%的持股比例成为名义上的第一大股东，马云团队持股31.7%，软银则持股29.3%。自此，阿里巴巴形成了"三足鼎立"的股权架构（图1-6）。

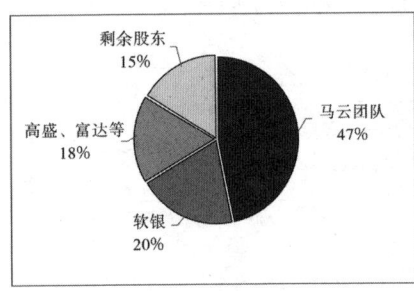 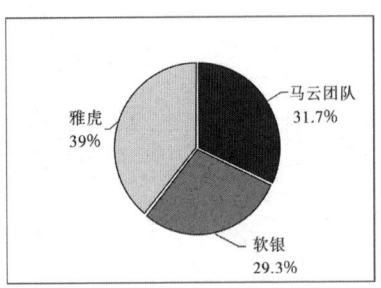

图1-6 阿里巴巴"三足鼎立"的股权结构

注：左图为2004年前三轮融资完成后阿里巴巴的股权结构，右图为2005年"雅巴联姻"后阿里巴巴的股权结构。

对于阿里巴巴而言，雅虎这10亿美元简直如同寒冬中的暖阳，使其不必冻毙于风雪。彼时，阿里巴巴为抢占C2C市场份额，与易贝开展了长达两年的"烧钱大战"：先是在2003年投入1亿元建立淘宝

---

① 何文蔚.股权战争：一个阿里巴巴的故事［EB/OL］.（2015-12-22）.http://www.360doc.com/content/15/1222/16/535749_522306468.shtml.

网,同时实施了淘宝网3年免费计划,后在2004年被迫追加了3亿多元投资。但直至2005年,双方的决战仍未见高下,阿里巴巴前三轮融资却濒临耗尽,亟须"输血"。腾讯、当当网打着免费的旗号纷至沓来,C2C战局愈加复杂。更让人生畏的是,易贝向孙正义抛出10亿美元的诱人价码,明确提出收购淘宝网一统大中华区C2C市场。

"黑云压城城欲摧"之际,是雅虎让阿里巴巴化险为夷,对此,马云不胜感激。

然而,历史的残酷一再提醒马云要时刻保持清醒,企业创始人在资金需求与控制权要求间的权衡是一条永远绕不开的心路。有多少企业成于资本,就有多少企业败于控制权之争。

遥想当年,孙正义携3 000万美元投资没有名气的阿里巴巴,马云为保证绝对控股还价1 000万美元,"你要买我(的)股份没问题,但一定要由我来掌控这家公司,否则的话,我也不需要你这样的投资"。换作此刻,不过是情境的复现。

通过雅巴合同中的交易条款,马云努力地平衡这一矛盾,以强化自己对阿里巴巴的控制权。比如,虽然雅虎可以掌握39%的经济权益,但必须为马云团队让渡4%的投票权;董事会的席位,雅虎和软银只能各占一席,马云团队需要保证有两席;在任何情况下,董事会都不能解除马云在阿里巴巴的CEO职位[①]。

[①] 牛立雄.揭秘阿里巴巴雅虎股权暗战:马云恐失去控制权 [EB/OL].(2010-09-15). https://www.163.com/tech/article/6GJ62LAD000915BF.html.

但是，以上所有要点，又都有共同的协议期限——2010年10月。换言之，控制权万无一失的期限，只有五年。

起初，马云并不怎么在意这个"十月节点"（图1-7）。在2007年阿里巴巴B2B上市的记者招待会上，当被问及相关条款到期后怎么办的问题时，他这般说道：

"我说2010年以前，我答应我一定在。所以，我就在书上写2010年马云不会离开，不是2010年以后他们把我开掉。"①

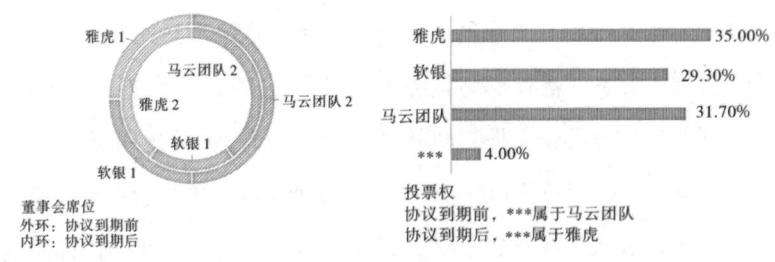

图1-7　10月节点：力量对比或将变化

马云当时的自信不无道理，他与杨致远的私交非常好。杨致远在管理雅虎期间，基本没有干预过阿里巴巴的运营，亦在公开场合多次表达对马云的坚定支持。即便协议到期，按照当时的走向，雅虎也不会轻易索回自己作为第一大股东所让渡的权益。

---

① 牛立雄.揭秘阿里巴巴雅虎股权暗战：马云恐失去控制权 [EB/OL].（2010-09-15）. http://www.163.com/tech/article/6GJ62LAD000915BF.html.

但前提在于"按照当时的走向",重点在于"不会轻易索回",马云终究还是大意了。他忽略了这中间的"猫腻":走向一变,万事皆变。至于那份权益,雅虎大可将其作为向阿里巴巴索取更多利益的筹码。这,恰恰就是商业的狡黠,它用似是而非的伎俩,给企业家以警醒,又让企业家放松警惕;它播下讨人欢心的"春之种",却悄然培育着"恶之花",一旦谁疏忽大意,谁就将为此付出代价。

股权回购未及所望,一"宝"在手如愿以偿

2008年,雅虎险些被微软收购;2009年,因雅虎中国持续经营不善,杨致远被迫辞去CEO的职位,并由卡罗尔·巴茨接任。前者让马云不由自主地惊出一身冷汗,后者则彻底改变了雅虎和阿里巴巴关系的走向。

俗话说,"新官上任三把火",这位雷厉风行的女强人上任后的其中一把火,便用在了烧毁雅虎和阿里巴巴的往日深情上。当时,马云赴雅虎总部拜访,巴茨当众毫不留情地说:"这关系到我的声誉,我希望你能从雅虎中国网站上把雅虎的名字去掉",并斥责马云没有把雅虎中国做好。如此辛辣而不留情面的批驳,不仅让马云丢了脸面,更是宣示着雅虎和阿里巴巴之间"你侬我侬"的关系终结。

马云不得不重新审视雅虎和阿里巴巴之间的合作关系。

正如巴茨所指出的那样，雅虎中国确实经营得十分差劲。那场联姻，并非如当时业界所描述的"马云空手套白虎""麻雀变凤凰"那般令人艳羡甚至忌妒。阿里巴巴迎娶来的雅虎中国实属饱经沧桑的"林妹妹"，不仅患上跨国企业在中国水土不服的通病，还在与铿锵玫瑰谷歌、豆蔻少女百度的较量中香消玉殒。《IT时代周刊》甚至以《雅虎兵败中国》为杂志封面标题，给二者的结合以直白的揶揄。因马云与杨致远之间的交情，还有当初雅虎的10亿美元解了阿里巴巴的燃眉之急，尽管马云背负着压力，雅虎和阿里巴巴之间并没有出现明显的分歧。可到了这时，随着雅虎和阿里巴巴的交恶，就连向来性格温和的阿里巴巴B2B职业经理人卫哲也在接受外媒采访时言辞激烈地表示，"阿里巴巴已经不再需要雅虎，雅虎是一家面临破产的公司"[①]。

控制权危机让马云如临大敌。届时，雅虎和阿里巴巴的力量对比将发生明显的扭转，同股同权将使雅虎成为真正意义上的第一大股东，其董事会席位也将有权增至两席，足以与马云团队分庭抗礼。若雅虎与软银联合起来，那么阿里巴巴管理层在董事会将毫无话语权，马云也无法保证自己不会重蹈十几年前在"中国黄页"作为创始人反而被"扫地出门"的覆辙。

为了化解这一危机，阿里巴巴将股权回购事宜提上日程。2010

---

① 牛立雄.揭秘阿里巴巴雅虎股权暗战：马云恐失去控制权［EB/OL］.（2010-09-15）.https://www.163.com/tech/article/6GJ62LAD000915BF.html.

年2月，马云公开表达了从雅虎手中赎回股权的意愿，但遭到雅虎严拒[①]。5月，双方就股权回购事宜坐上谈判桌，马云向雅虎递交了一份对其有利的"税收优惠回购方案"，却由于雅虎试图预支淘宝上市所能带来的收益而告吹[②]；10月，由于雅虎正专注处理来自美国在线、银湖、黑石集团等公司的收购压力，无暇顾及与阿里巴巴的到期协议，而巴茨对马云经营阿里巴巴也示以肯定，担心CEO被换的管理层和员工都松了口气。不过，巴茨依旧不忘传达"雅虎有权增设董事，只是尚未找到合适人选"的提醒，令马云如芒在背。

回购征途漫漫，遥遥无期，马云渴望破局，但正如他自己所说："雅虎死活不卖股权，对此我也毫无办法。"没有筹码的阿里巴巴，只能陷入被动的僵局。

如果说《非金融机构支付服务管理办法》的出台为马云带来博弈的变数，那么2011年3月31日，他先斩后奏做出的"艰难"决定则使他拥有更多回购谈判的底气。木已成舟，一"宝"在手，该如何补偿由阿里巴巴说了算，而马云，亦可将股权回购事宜与之捆绑。

三方和解协议达成不久，阿里巴巴启动了以"黎明"为名的员工股权激励与购买计划，以350亿美元的估值向云锋基金、俄罗斯的风险投资公司DST Global、银湖、淡马锡等基金公司出售部分管理层及员工持股，同时新股东将其投票权委以管理层。2012年初，阿里

[①] 迟宇宙.马云的战争[J].企业观察家，2011（7）：20-21.
[②] 黄金萍，张利安.雅巴恩仇录[J].南方周末，2010-10-13.

巴巴以纯融资回购雅虎股权、私有化目的为前提的募股系列行动相继展开，直到5月，阿里巴巴终于在回购上迈出坚实一步，以63亿美元与雅虎达成20%的股权回购协议，其中"雅虎必须放弃在董事会委任第二名董事的权力"的条款，更是让雅虎和阿里巴巴持续纠葛的控制权之争尘埃落定。

2012年9月，阿里巴巴宣布对雅虎76亿美元的股份回购计划全部完成，这意味着马云重新拿回了阿里巴巴的控股权。交易完成后的阿里巴巴董事会，软银和雅虎的投票权之和将降至50%以下。同时，作为交易的一部分，雅虎将放弃委任第二名董事会成员的权力，也放弃了一系列对阿里巴巴战略和经营决策相关的否决权。阿里巴巴董事会将维持2：1：1（阿里巴巴、雅虎、软银）的比例。

暧昧散尽，笙歌婉转，彼时想必马云心中百感交集。

若七年前便审慎些，若协议没有期限，又会是怎样一番格局？

只是，雅虎会同意吗？历史，又有如果吗？

思考题

1. 如果当年马云不是以这种手段来剥离支付宝，会发生什么情况？
2. 阿里巴巴后来的超级合伙人计划跟这场风波有没有必然的联系？
3. 如何评价在支付宝控制权争夺过程中马云的做法？

第一章 支付宝：控制权争夺、博弈与公司发展

支付宝大事记[①]

·2003年10月18日，支付宝服务作为一套担保交易服务在淘宝网首先推出。

·2004年，支付宝服务业务从淘宝网中拆分出来独立运营，开始自建支付系统，向更多合作方提供支付服务。

·2004年12月8日，浙江支付宝科技网络有限公司（简称"支付宝"）正式成立。

·2009年6月1日，阿里巴巴向为马云和谢世煌全资所有的浙江阿里巴巴转让了支付宝70%的股权，作价折合人民币1.67亿元。

·2010年8月6日，支付宝剩余30%份额的股权完成转让，折合人民币1.65亿元，交易完成后，支付宝正式成为浙江阿里巴巴的全资子公司，但在VIE的框架下仍合并进入阿里巴巴的财务报表。

·2011年3月31日，阿里巴巴与支付宝的VIE被马云单方面终止，支付宝不再并入阿里巴巴的财务报表，阿里巴巴的大股东丧失对支付宝的实际控制权。次日，马云召开董事会告知雅虎及软银两大股东，并提出谈判解决补偿问题。

·2011年5月11日，雅虎提交给美国证券交易委员会的文件显示，阿里巴巴集团将对支付宝进行重组，支付宝闹剧自此开始上演。

·2011年5月13日，雅虎和阿里巴巴就支付宝交易事件是否经董事会批准发表了完全相反的声明。之后，双方声明展开股权补偿谈

[①] 本部分内容主要参考蚂蚁科技集团股份有限公司的发展历程，特此致谢！

判，而软银拒绝参与谈判。

·2011年5月26日，支付宝获央行颁发的"支付业务许可证"。

·2011年6月23日，阿里巴巴、软银、雅虎三方发表联合声明称支付宝事件获实质性进展。

·2011年7月29日，雅虎、软银、阿里巴巴、浙江阿里巴巴、支付宝、IPCo（在框架协议下成立的特殊目的实体，在交易结束前设立，并为马云和蔡崇信所有）签订框架协议，标志着支付宝事件的和解。

·2013年3月，浙江阿里巴巴宣布将以其为主体筹建小微金融服务集团。

·2014年10月16日，小微金融服务集团以蚂蚁金融服务集团（简称"蚂蚁金服"）的名义正式成立，旗下业务包括支付宝、余额宝、招财宝、蚂蚁小贷（后逐渐整合至网商银行）和网商银行等。

·2015—2018年，蚂蚁金服相继完成A、B、C三轮融资。

·2019年，阿里巴巴向蚂蚁金服增资，控股其33%，蚂蚁金服注册资本变更为235.24亿元人民币。

·2020年7月，蚂蚁金服更名为"蚂蚁科技集团股份有限公司"（简称"蚂蚁集团"），7月20日宣布启动在上海证券交易所科创板和香港联合交易所有限公司主板寻求同步发行上市的计划。

·2020年10月24日，马云在第二届外滩金融峰会演讲（被认为是后来蚂蚁集团暂缓上市的前兆）。

·2020年10月29日，蚂蚁集团启动在A股、H股新股发行认购，并计划于11月5日在沪港两地同步上市。

·2020年11月2日，中国人民银行、中国银保监会、中国证监会、国家外汇管理局对蚂蚁集团实际控制人马云、董事长井贤栋、总裁胡晓明进行了监管约谈。

·2020年11月3日，上海证券交易所、香港联合交易所暂缓蚂蚁集团上市。

第二章

科兴：股权争夺，兄弟变仇人

杨锦慧

第1招：步步为营
第2招：借用良言
第3招：抽丝剥茧
第4招：弯的放矢

扫码出招
看公司治理
如何反败为胜

伯乐与千里马的相遇

"为人类消除疾病提供疫苗",这是北京科兴公司的使命。故事的开头,两位主人公也是抱着这样的使命走到一起的。

尹卫东原本是唐山一个县城防疫研究所的普通卫生员。虽然只有中专学历,但他对流行性病毒有着浓厚的兴趣,通过不断钻研,在20岁时成功分离出全国第一株甲肝病毒TZ84,并在两年后研发出甲肝诊断试纸。1988年,上海甲肝大流行,更促使尹卫东下定决心研发出甲肝灭活疫苗。1993年,尹卫东用自己的技术和借来的5万元,成立了唐山怡安生物工程有限公司(简称"怡安生物"),正式投身甲肝疫苗研发。

作为北京大学(简称"北大")教师的潘爱华,在北大的支持下,已经成立了北京北大未名生物工程集团有限公司(北京北大未名生物工程公司的前身,简称"北大未名",图2-1)。缺少技术的北大未名四处寻找可靠的生物医药技术,以期对其进行投资。

统一社会信用代码	91110108101897873K	企业名称	北京北大未名生物工程集团有限公司		
法定代表人	潘爱华	登记状态	存续（在营、开业、在册）	成立日期	1992-10-19
		注册资本	5 437.14万元人民币	实缴资本	5 437.14万元人民币
组织机构代码	10189787-3	工商注册号	11000004224242	纳税人识别号	91110108101897873K
企业类型	其他有限责任公司	营业期限	2003-06-25至2023-06-24	纳税人资质	一般纳税人
人员规模	50-99人	参保人数	54（2022年报）	核准日期	2020-09-10
所属地区	北京市海淀区	登记机关	北京市海淀区市场监督管理局	进出口企业代码	—
所属行业	科学研究和技术服务业>科技推广和应用服务业>其他科技推广服务业			英文名	Beijing Beida Weiming Bioengineering Group Co., Ltd.
注册地址	北京市海淀区上地西路39号				
经营范围	技术开发、技术推广、技术转让、技术咨询、技术服务、技术培训；企业管理；投资与资产管理；经济信息咨询；销售食品（市场主体依法自主选择经营项目，开展经营活动；销售食品以及依法须经批准的项目，经相关部门批准后依批准的内容开展经营活动；不得从事国家和本市产业政策禁止和限制类项目的经营活动）。				

图2-1　北京北大未名生物工程集团有限公司基本情况

（资料来源：企查查。）

1998年，经人介绍，潘爱华与尹卫东在唐山结识，两人相见恨晚，惺惺相惜，就此上演了一段伯乐与千里马的佳话。1999年，尹卫东出力、潘爱华出钱，在国内率先研发出甲肝灭活疫苗，获得国家新药证书，为以后的疫苗帝国播下了种子。2001年，在潘爱华的极力邀请下，尹卫东带着他的团队来到北京中关村，入驻北大生物园。同年4月28日，北京科兴生物制品有限公司（简称"北京科兴生物"）正式成立。资本与技术合流，相得益彰，如鱼得水。2002年，北京科兴生物的甲肝灭活疫苗正式投入市场，尹卫东与北京科兴生物因此名扬全国。2003年，"非典"肆虐。北京科兴生物成为全球唯一完成SARS一期临床的单位，这让尹卫东的团队逐渐壮大，更为17年后的新冠疫苗研发积累了宝贵的经验。

伯乐遇之，下车，攀而哭之，解纻衣以幂之。骥于是俯而喷，仰而鸣，声达于天，若出金石声者，何也？彼见伯乐之知己也。

罗生门的开端：间隙起，矛盾生

2001年，北京科兴生物正式成立。

在股权结构上，北大未名为控股股东，通过深圳科兴持股51%。尹卫东控股的怡安生物，以甲肝灭活疫苗的技术入股，占北京科兴生物24%的股权。新加坡华鼎投资出资2 500万元入股，占北京科兴生物25%的股权。三方构成51%：24%：25%的股权结构。

声名鹊起的北京科兴生物，需要更多的资金投入研发。为了融通更多资金，北京科兴生物将公司上市提上了议事日程，并将目光瞄向了纳斯达克，计划在美股上市，这也是罗生门的开端。

北大未名官网显示，北京科兴生物的控股股东北大未名是北京大学三大产业集团之一，由于具有国资背景，不符合美股的上市标准，必须改组。为了推动北京科兴生物赴美上市成功，公司股权做了大规模重组，北大未名需要让出第一大股东的地位，并允许北京科兴生物的其他股东合并股份。

投桃报李，为了补偿潘爱华，尹卫东承诺给予北大未名永久实际控制人地位，潘爱华在董事会中拥有一票否决权。另外，董事会5个席位中，北大未名可以提名3人，科兴控股（香港）有限公司

（简称"香港科兴"）可以提名2人。尹卫东在北京科兴生物名下，另外成立了一家公司——香港科兴，作为赴美上市的主体。北京科兴生物则通过香港科兴间接控制上市公司。

至此，北京科兴生物的股权结构变成尹卫东的香港科兴占73.09%，潘爱华的北大未名则降到了26.91%（图2-2）。与此同时，尹卫东在安提瓜和巴布达注册成立了科兴控股生物技术有限公司（简称"科兴控股"），并将香港科兴注入其中。

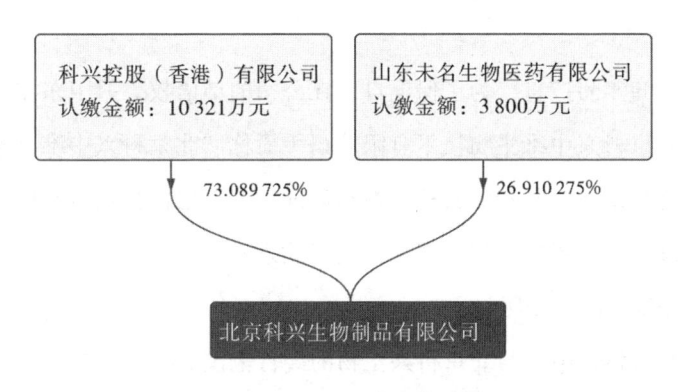

```
┌──────────────────────┐      ┌──────────────────────┐
│  科兴控股（香港）有限公司  │      │  山东未名生物医药有限公司  │
│  认缴金额：10 321万元    │      │  认缴金额：3 800万元     │
└──────────┬───────────┘      └───────────┬──────────┘
           │ 73.089 725%                   │ 26.910 275%
           └──────────────┬────────────────┘
                          ▼
              ┌─────────────────────────┐
              │  北京科兴生物制品有限公司   │
              └─────────────────────────┘
```

图2-2　北京科兴生物股权穿透

（资料来源：爱企查。）

2004年12月8日，科兴控股在美国证券交易所上市，发行了1 000万股，每股定价5.75美元，成为在美国上市的第一家中国疫苗企业。科兴控股成为中国生物制药领域企业的瞩目之星，一时风光无限。

不容忽视的是，在美国上市的主体是科兴控股，这是一家注册在海外的企业，只是一家壳公司。公司业务主体仍然是有疫苗研发和生产能力的北京科兴生物。作为上市主体的唯一核心资产，做大做强北京科兴生物，是尹卫东和潘爱华共同的目标。

万物都有裂痕，北京科兴生物控制权的争夺使兄弟齐心的局面悄然发生了变化。潘爱华控制着北京科兴生物26.91%的股权，并且北京科兴生物没有在美国上市。也就是说，尹卫东只是拿北京科兴生物73.09%的股权到美国上市。正是这一点，在尹卫东心里埋下了一颗雷。

2009年5月7日，为了保证自己在公司的话语权，尹卫东注册成立了北京科兴中维生物技术有限公司（简称"北京科兴中维"），香港科兴是当时唯一的股东。换句话说，上市主体公司科兴控股生物通过子公司香港科兴，间接控制了北京科兴中维，而北京科兴中维与潘爱华没有任何关系。

北京科兴中维与北京科兴生物的经营范围类似，都是研究、开发生物技术（表2-1）。就这样，除了北京科兴生物作为上市公司的资产外，尹卫东还搞了一个备胎——北京科兴中维，两者有共同的大股东——香港科兴。尹卫东有意或无意地绕开了潘爱华，北京科兴中维没有了潘爱华的牵绊（图2-3）。

表2-1　北京科兴中维与北京科兴生物比较

公司名称	北京科兴中维生物技术有限公司	北京科兴生物制品有限公司
法定代表人	尹卫东	潘爱华
企业类型	有限责任公司（港澳台投资，非独资）	有限责任公司（台港澳与境内合资）
注册资本	4 051.32万美元	14 121万元人民币
所属地区	北京市大兴区	北京市海淀区
所属行业	科学研究和技术服务业＞科技推广和应用服务业＞其他科技推广服务业	制造业＞医药制造业＞生物药品制品制造＞生物药品制造
经营范围	研究、开发生物疫苗技术；诊断试剂盒技术，提供技术服务、技术咨询、技术转让；销售自产产品；批发生物原料（不涉及国有贸易管理商品，涉及配额许可证管理商品的按照国家有关规定办理申请手续）；货物进出口；生产药品（生物药品生产）；道路货物运输（不含危险货物）；销售第三类医疗器械（以医疗器械经营许可证为准）［市场主体依法自主选择经营项目，开展经营活动；销售第三类医疗器械（以医疗器械经营许可证为准）、道路货物运输（不含危险货物）以及依法须经批准的项目，经相关部门批准后依批准的内容开展经营活动；不得从事国家和本市产业政策禁止和限制类项目的经营活动］	生产生物制品、生物技术产品；开发生物制品、生物技术产品；提供自产产品的技术咨询、技术服务；销售自产产品（企业依法自主选择经营项目，开展经营活动；依法须经批准的项目，经相关部门批准后依批准的内容开展经营活动；不得从事本市产业政策禁止和限制类项目的经营活动）

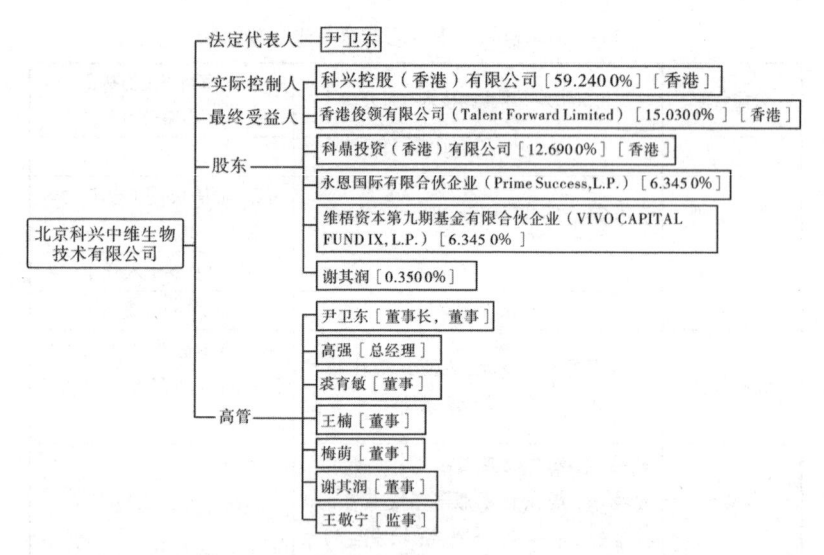

```
                ┌─法定代表人──┤尹卫东│
                │─实际控制人─┬─┤科兴控股（香港）有限公司［59.240 0%］［香港］│
                │─最终受益人─┤
                │           │ ┤香港俊领有限公司（Talent Forward Limited）［15.030 0%］［香港］│
                │─股东──────┤科鼎投资（香港）有限公司［12.690 0%］［香港］│
北京科兴中维生物│           │ ┤永恩国际有限合伙企业（Prime Success, L.P.）［6.345 0%］│
技术有限公司    │           │ ┤维梧资本第九期基金有限合伙企业（VIVO CAPITAL
                │           │   FUND IX, L.P.）［6.345 0%］│
                │           │ ┤谢其润［0.350 0%］│
                │           ┌─┤尹卫东［董事长，董事］│
                │           │ ┤高强［总经理］│
                │           │ ┤裘育敏［董事］│
                │─高管──────┤王楠［董事］│
                            │ ┤梅萌［董事］│
                            │ ┤谢其润［董事］│
                            └─┤王敬宁［监事］│
```

图2-3 北京科兴中维生物技术有限公司企业图谱

（资料来源：企查查。）

尹卫东的这番操作都被潘爱华看在眼里，为了不在这场利益争夺战中落败，潘爱华也开始了自己的行动。

2015年，经过一系列资本运作，潘爱华控制的未名生物医药有限公司（简称"未名医药"）借壳在A股成功上市，北大未名在资本市场上蹚出了一条血路。未名医药持有北京科兴生物26.91%的股权，北大未名的上市主体是山东未名生物医药股份有限公司（股权情况见图2-4），上市公司100%控股未名医药。也就是说，北京科兴生物73.09%的股权在美国纳斯达克上市，26.91%的股权在A股上市。

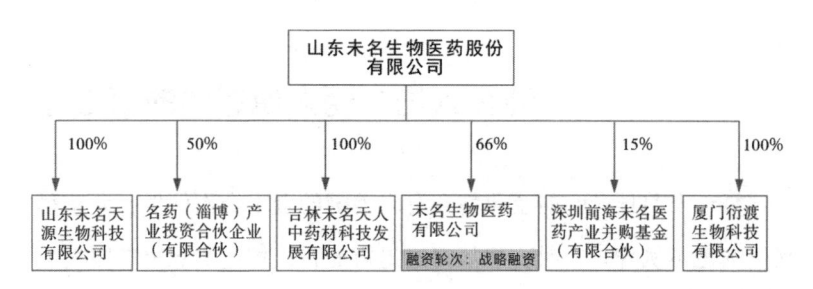

```
                    ┌─────────────────────────┐
                    │ 山东未名生物医药股份      │
                    │      有限公司            │
                    └─────────────────────────┘
   100%    50%      100%       66%        15%       100%
┌──────┐ ┌──────┐ ┌──────┐ ┌──────────┐ ┌──────┐ ┌──────┐
│山东未│ │名药（│ │吉林未│ │未名生物医药│ │深圳前│ │厦门衍│
│名天源│ │淄博）│ │名天人│ │有限公司    │ │海未名│ │渡生物│
│生物科│ │产业投│ │中药材│ │            │ │医药产│ │科技  │
│技有限│ │资合伙│ │科技发│ │融资轮次：  │ │业并购│ │有限  │
│公司  │ │企业（│ │展有限│ │战略融资    │ │基金（│ │公司  │
│      │ │有限合│ │公司  │ │            │ │有限合│ │      │
│      │ │伙）  │ │      │ │            │ │伙）  │ │      │
└──────┘ └──────┘ └──────┘ └──────────┘ └──────┘ └──────┘
```

图2-4　山东未名生物医药股份有限公司股权穿透

（资料来源：企查查。）

资本市场可谓瞬息万变，如果我们把目光投向整个中国概念股（简称"中概股"），就会发现，到了2016年，中国企业赴美上市的步伐明显放缓，中国公司在海外市场的估值与A股相比明显较低，中概股回归潮就此掀起。北京科兴生物在美股资本市场表现得并不理想，于是萌生了私有化的念头。在收到初步私有化要约的前一个交易日（2016年1月29日），北京科兴生物收盘报5.02美元/股，较12.05美元/股的历史最高价下跌近六成。这样看来，从美股退市回A股上市无疑是北京科兴生物的明智选择，潘爱华也想趁此机会重掌北京科兴生物的控股权，于是与尹卫东商量将美国上市的科兴控股私有化，并回归A股。

此时，尹卫东和潘爱华已经各自通过香港科兴和未名医药实现对核心资产北京科兴生物的控制，股权派系一清二楚。阵营划分完毕，北京科兴生物控股权的争夺战一触即发。

外资入局：两人恩怨中的第三者

每一家前景光明的企业都会有它关键的资本合作伙伴，北京科兴生物也不例外。当时，想从美股退市的科兴控股实际上有四大股东——1Globe Capital LLC（简称"1Globe"）及其关联方以22.50%的股份成为话语权举足轻重的第一大股东，赛富亚洲基金（SAIF）以18.91%的股权成为第二大股东，尹卫东本人作为第三大股东和第一大自然人股东，持有公司10.61%的股份（北京科兴生物的股权架构如图2-5所示）。

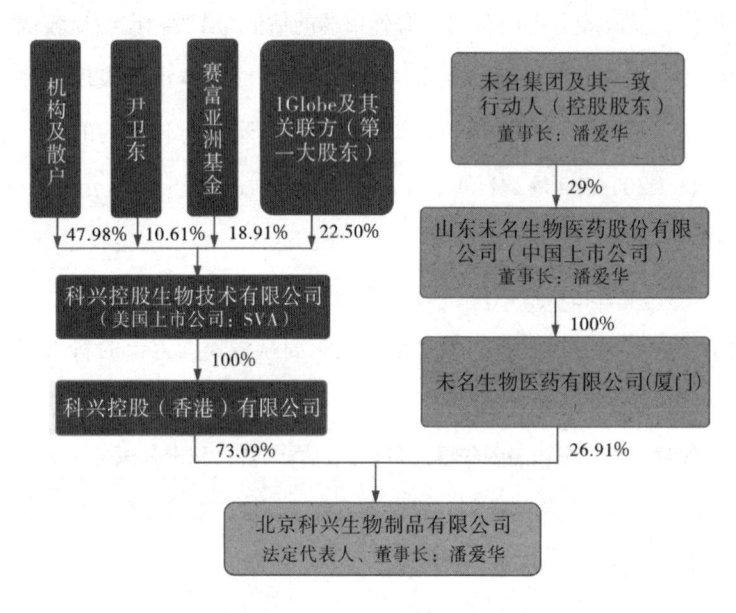

图2-5 北京科兴生物制品有限公司股权架构

当北京科兴生物开始着手从美股退市的有关事项时，为了保护管理层买方团私有化可以顺利进行，原董事会设立了"毒丸计划"。"毒丸计划"又叫股权摊薄反收购措施，由美国著名的并购律师马丁·利普顿于1982年提出，常见于公司反收购案例。通过向恶意收购方以外的全部股东增发低价新股以摊薄前者股权的方法，达到自保的目的。

2016年2月1日，尹卫东联合赛富亚洲基金组成了收购团A，以每股6.18美元的价格，总计大约4.018亿美元收购科兴控股的剩余流通股权。这一举措显然打得潘爱华措手不及。如果尹卫东一方将科兴控股成功地私有化，那就意味着未名医药将在法律上失去对北京科兴生物的控制权。

作为反击，潘爱华带领未名医药与中信集团、中金前海发展基金，组成以他本人为首的收购团B，并报出了每股7美元的收购价格，同年2月初向SVA（北京科兴生物的股票代码，代指北京科兴生物）特别委员会提交了初步要约。

2016年2月至2017年6月，以尹卫东和北京科兴生物独立董事梅萌为首的科兴控股董事局中的独立董事组成特委会，就收购团A、收购团B分别提出的私有化要约进行评估，这漫长的等待无疑让人坐立不安。

2017年6月26日，特委会在未向收购团B询价的情况下，通过了以尹卫东为首的收购团A每股7美元的新报价，并和美国证券交易委员会签订了合并协议。

取得阶段性胜利的尹卫东在面对媒体采访时这样说道："我认为两方方案的重要差别是，收购团B提交的文件无法明确有确定的（境外）资金可以支持完成交易。由于资金的不确定性会影响交易方案的可执行性，特委会经评估，未选择收购团B的私有化方案。"

但商场如战场，瞬息万变。上一秒奄奄一息的对手在下一秒便可出其不意地牢牢扼住你的喉咙。对于尹卫东发表的"胜利言论"，潘爱华并未做过多的表示，只是在一次媒体见面会上公开披露，"这是不公允的决定，特委会的几个人都是尹卫东请来的"。

为了扭转处境的劣势，潘爱华所在的收购团B在次日便将报价提高到每股8美元，全现金收购SVA已发行的全部普通股。这一价格比尹卫东及相关私募股权基金的收购价格溢价约14.3%。

资本家进行投资的本质是逐利，投资方并不愿意看到自身利益有任何损失。因此，当收购团B报出愿意以每股8美元的价格进行收购时，第一大股东1Globe及其关联方进行了积极表态。第一大股东1Globe及其关联方的入局无疑使股东之间的纠葛放大，让事态变得更加复杂。

1Globe及其关联方的态度明确且坚定，其在一份声明中称，整个私有化过程完全符合SEC（美国证券交易委员会）的规定，并在考虑所有股东（包括少数股东在内）的利益的前提下，会支持任何合法收购方给出的报价较高者。

随着1Globe及其关联方的站队，科兴控股私有化"弃美回A"的局面愈加走向恶化，尹卫东借助赛富亚洲基金等外资的力量，潘爱华借助国内资本的力量，两个曾经亦师亦友的同伴开始相杀。在两方的拉扯下，2018年7月3日，科兴控股宣布私有化进程被迫搁置。潘爱华凭借这次加码扭转局势，击败尹卫东，成为北京科兴生物股权争夺战第一回合的阶段性胜利者，随后双方便将战火烧到了董事会。

"两个司令部"：相互攻讦，祸起萧墙

2018年2月6日，对北京科兴生物及其股东们而言，注定是难忘的一天——北京科兴生物2017年度的股东大会上"诞生"了两份不同的董事会名单。

当天，科兴控股召开2017年度股东大会。此次股东大会共三项议程：确定董事会人员名单、批准公司2016年度财务报告、批准任命安永华明会计师事务所担任2017财年独立审计师等。对于会议议程的第一项——董事会人员选举，出现了"公说公有理、婆说婆有理"的情况。

未名医药当天披露的公告显示科兴控股2017年度股东大会上的董事会选举情况：合计占参与投票股份数55.19%的股东投票反对科兴控股现任4位董事尹卫东、李坚、梅萌、Simon Anderson连任，同

时提议并选举了由王国玮、曹建增、丘海峰、李鹏飞、卢毓琳5位董事组建的新一届董事会（以下简称"董事会B"）。在这样的情况下，以潘爱华为首的一方可以完全将尹卫东一方"扫地出门"，一雪前耻，重掌科兴大权。

但是，北京科兴生物官网随后发布的公告称，在2017年度股东大会上，尹卫东、卢毓琳、Simon Anderson、李坚和梅萌这5位公司现任董事均获得多数有效投票，成功连任（以下简称"董事会A"），"公司在咨询其法律顾问之后，确认2017年度股东大会上异议股东未提前知会而提出的选票无效"。

于是，一家公司出现了两个"司令部"——双方都依据北京科兴生物在2017年度股东大会上"各自认为合法"的董事会选举结果，宣布了对北京科兴生物董事会的人员调整。至此，围绕着科兴控股、北京科兴生物，出现了"双董事会"局面。

按照相关法规，中外合资企业的最高权力本属于董事会。工商行政管理局备案信息显示，北京科兴生物共有5位董事会成员，其中就包括潘爱华、尹卫东。如果尹卫东被踢出北京科兴生物董事会，将影响他进入香港科兴董事会，进而他也不能成为北京科兴生物的董事。未名医药公告显示，合计占参与投票股份数55.19%的股东投票，反对包括尹卫东在内的4位现任董事连任，同时提议并选举了新一届董事会成员，所以这场股权争夺战似乎是以尹卫东落败而告终。

但是，尹卫东拒绝承认这一投票结果，称其在咨询其安提瓜（公司注册地）的法律顾问之后，认为2017年度股东大会上异议股东未提前知会而提出的选票无效，所有股东都应获得异议股东的控股情况、意愿、计划和关系的完整准确信息。这是美国联邦证券法律赋予他们的权利，并就此向美国马萨诸塞州地方法院提起诉讼。

其实，董事会名分的争执不下，与背后北京科兴生物的产权归属和董事会颇为特殊的投票规则息息相关。当时为确保北京科兴生物上市，尹卫东和潘爱华达成协议：尹卫东将董事会的席位进行了分割，修改了公司章程。这次修改，在公司章程内添加了7个事项上的一票否决权规则，即所涉7项公司事务需要5名董事一致同意才能生效，如果有1名董事反对即无法生效。也就是说，未名医药即便只委派1名董事会成员，也拥有一票否决权。这项规则为如今的局面埋下了一颗隐雷，导致即使北京科兴生物实现私有化，以尹卫东为首的收购团也依然存在无法控制核心资产北京科兴生物的可能。

尹卫东代表的香港科兴却坚决否认存在该协议，不承认潘爱华和北大未名"永久实际控制人"的身份。潘爱华本人也拿不出纸面协议，只有网上流传过一份双方关于此事的"备忘录"。但"备忘录"不具备任何法律效力，双方就此陷入拉锯战。

香港科兴凭借大股东身份，在董事会中实际占了4个名额，北大未名仅有潘爱华一人。香港科兴利用在董事会中占有多数名额的优势地位，任命尹卫东为总经理，负责北京科兴生物的日常运营，把董事长潘爱华高高地供了起来，让他无法参与日常经营，空挂着董事长的名头。

经过一系列戏剧性事情的发展，股权争夺战又在纷争最高潮的时候被按下了暂停键。表面上，"斗法"虽然在公司的权力之争中被限制住，利益的角逐却并未停止，反而逐渐向生产经营蔓延。自2018年2月科兴控股董事会之变以后，潘爱华就以北京科兴生物法定代表人的身份展开了一系列动作。2018年2月26日，潘爱华向北京科兴生物主要往来银行发函要求冻结北京科兴生物的账户，未经其书面确认，不允许对外划转或以账户内资金做任何形式的抵押融资；3月26日，潘爱华以北京科兴生物法定代表人的身份向国家药监局药品安全监管司、北京市食药监局药品安全监管处发公函，称北京科兴生物持续数月处于没有高管在任的混乱局面，存在生产质量经营风险，要求监管部门介入；4月9日，潘爱华向北京市海淀区食药监局药品监管科发函，申请免去北京科兴生物质量受权人尹卫东、李静的职务，并停产整顿；4月16日，未名医药向北京市海淀区人民法院提起关于"股东知情权纠纷"的民事诉讼。至此，千里马和伯乐的故事彻底成为过去式。

除了潘爱华单方面的行为，北京科兴生物发生的冲突事件更将矛盾上升为肢体冲突。4月17日，未名医药声称，北京科兴生物拒绝提供关于审计的财务报表资料，同时拒绝了未名医药聘请的审计机构进场，影响公司按时发布年报，因此上演了一场"逼宫大戏"。

潘爱华带着律师，前往北京科兴生物高管办公室索要公司公章、财务资料等。现场双方员工发生冲撞。这一冲突一直延续到4月20日。"当时并未找到印章、财务资料等。"潘爱华说，"作为北京科兴生物的法定代表人，我连最基本的证照、印章、资料等都无法查看，无法获悉下落。无论从哪个董事会的名单上讲，我都是北京科兴生物的董事长、法定代表人。可是，作为企业负责人，整个北京科兴生物的生产经营在我这里是失去掌控的。在没有我授权的情况下，我不知道他们现在是否还在违法生产。"

北京科兴生物提供的监控视频显示，近百人踩断北大生物城入口的起落杆，掀翻电动伸缩门，砸碎办公大楼玻璃门，奔向北京科兴生物的办公楼。车间多次被强行断电，多种设备失控，多条疫苗生产线被迫报废或停产。事后统计，报废疫苗达600万剂。

股权争端发酵到这里，已经引发了生产停摆，一时间外界也议论纷纷，这家被公众寄予厚望的生物医药企业陷入迷途。尹卫东于5月17日召集全员会议，号召所有行为必须为两个"天"负责：一是疾病控制。北京科兴生物是基于国家对疾病控制的需求创办的，要把疾病控制这件事做好。二是疫苗质量。在中国，每秒钟都有孩子在打北京科兴生物的疫苗，任何人都无权断电，损害疫苗的质量。

风波渐平：人生若只如初见

还记得前文提到的"毒丸计划"吗？

在北京科兴生物2018年度股东大会上，当时包括1Globe在内的、持有超过90%股份的股东投票反对尹卫东、李坚、梅萌、Simon Anderson连任，同时投票支持奥博资本（OrbiMed Advisor）提名的新董事会人选。随后，新当选的董事会通过董事会决议：取消尹卫东、王楠的CEO、CFO职位。

但是2018年度股东大会后，事情并没有朝着预期发展。以尹卫东为代表的原董事会及管理层拒绝向新当选的董事会移交管理权，并通过一系列手段巩固其控制权，包括给公司管理团队赠送股份、以低于未名医药收购团提出的私有化报价向原管理层收购团成员维梧资本（Vivo Capital）和尚城资本（Advantech Capital）增发11 800 000股。同时，自行宣布维梧资本的合伙人付山加入北京科兴生物董事会。还对2018年度股东大会上反对其连任的股东提起多项法律诉讼来进行报复，单方面宣布1Globe以及其他在2018年度股东大会上对原董事会连任投反对票的股东（约占所有已发行股份数的50%）触发"毒丸计划"，其目的是希望通过"毒丸计划"稀释反对其连任的股东股份，进而获得超过公司50%股份的控制权，达到其低价完成私有化的目的。

大股东1Globe为尽快结束混乱状态，避免"毒丸计划"给疫苗企业在资本市场中的信誉及股本结构带来破坏性打击,于2019年3月4日在安提瓜和巴布达、美国起诉北京科兴生物原董事会,申请停止原董事会用股东的资金来起诉股东的闹剧。

2019年4月4日,东加勒比最高法院正式听证审理1Globe起诉北京科兴生物原董事会一案。法院同意1Globe的申请并对北京科兴生物原董事会颁布终止令,禁止执行"股东权利(毒丸)"协议。北京科兴生物原董事会随后提起上诉,请求特拉华法院继续审理被诉股东是否触犯"毒丸计划"的诉讼,但被驳回。

风波过后,1Globe向北京科兴生物原董事会及管理层转达,谈判及合作是最终解决问题的唯一途径。1Globe真诚地希望北京科兴生物的任何一届董事会以大局为重,认清疫苗企业的社会担当,尊重老股东最基本的权利及其在企业发展中的作用,切勿与个别资本家一起为了私欲,走上有害于企业的不归路。企业的私有化应在公正、透明、合理、合法、协商共赢的框架下实现,合作及科技创新是北京科兴生物发展的唯一光明之路。

时间来到2019年底。似乎是1Globe的劝解打动了潘爱华与尹卫东,又似乎是面对突然暴发的病毒灾难,私人恩怨和利益之争可以暂时放一放,因为2020年突发的新冠疫情,北京科兴生物创始人之间相互攻讦的剧情开始慢慢平息。前文说过,北京科兴中维是科兴控股通过香港科兴100%间接控股的纯外资企业,与北京科兴生物和未名医药没有关系。由于北京科兴生物有疫苗的生产许可证,科兴

049

控股的疫苗依然绕不开北京科兴生物，这或许是潘爱华和尹卫东达成一致的根本原因。

但破镜终难重圆，尹卫东还是将利润最大的部分留在了北京科兴中维，而非北京科兴生物。北京科兴中维完全代表他个人和外资的利益，而北京科兴生物还有26.91%的股权属于未名医药的A股股东及其背后的北京大学国有资产。这一点，从未名医药2021年的半年报中可以得到证明——北京科兴生物2021年上半年的营业收入只有15.69亿元，营业利润只有10.29亿元，净利润只有8.9亿元（表2-2）。

表2-2 北京科兴生物等公司2021年上半年盈利概况

单位：元

公司名称	未名生物医药有限公司	北京科兴生物制有限公司	山东未名天源生物科技有限公司
公司类型	子公司	参股公司	子公司
主营业务	神经生长因子等生物药的研发、生产和销售	人用疫苗的研发、生产和销售	医药中间体、农业中间体的研发、生产和销售
注册资本	131 369 000.00	141 210 000.00	160 000 000.00
总资产	1 861 110 899.73	4 505 080 470.74	865 222 241.82
净资产	1 714 595 811.27	3 039 840 647.51	857 564 269.08
营业收入	224 256 946.79	1 569 848 309.74	57 545.13
营业利润	191 548 263.76	1 029 129 021.10	-10 195 339.38
净利润	187 049 348.43	892 064 308.26	-9 902 547.18

资料来源：未名医药2021年半年报。

北京科兴生物2021年上半年产生10.29亿元的利润，与在美国上市的科兴控股半年540亿元的利润相比，如九牛一毛。根据股权比例做个简单的计算，北京科兴生物半年给科兴控股贡献的利润有7.5亿元，给未名医药贡献的利润只有2.78亿元。

　　年年岁岁花相似，岁岁年年人不同。

　　在2017年北京科兴生物权力斗争开始前，尹卫东和潘爱华曾亲如一家，每年尹卫东都会给潘爱华过生日，如今两人撕破脸皮，大有老死不相往来之势。17年前，研发SARS疫苗的是北京科兴生物，如今城头变幻大王旗，取而代之的是北京科兴中维。北京科兴中维作为中国人创办的企业，脱胎于中国的技术，由中国人研发，在中国生产疫苗。

　　北京科兴生物曾经是美国上市公司科兴控股的主体业务，如今成了资本的弃子，其利润最丰厚、最肥美的部分，全部留给了由外资掌握的科兴控股。与国内资本有关的北京科兴生物，是有着国内第一个生产甲肝灭活疫苗、全球唯一完成SARS一期临床试验的辉煌历史的企业，有着长达20多年的技术积累，却没有在新冠疫情暴发的时候获得应有的回报。留给未名医药的，只有区区半年2.78亿元的利润以及A股市场里8万股东的无限遐想，还有北大资产作为国有资本的无力叹息。

　　外资穿着国产疫苗的画皮，享受着中国免费疫苗的财政红利，利用中国人的智慧研发，利用中国的原料生产，最后把疫苗打在中国人身上，却赚走了最丰厚的利润。有人说，外资在中国最喜欢干的就是两件事：一是支持内斗，趁火打劫；二是晴天打伞、雨天收伞，收割创始人。这个问题，值得我们所有人深思。

思考题

1. 北京科兴生物为什么会陷入股权争夺？
2. 外资的介入对这家公司的股权争夺起了什么作用？
3. 为什么在新冠疫情期间，北京科兴生物不再内耗？

科兴大事记

· 1998年，潘爱华与尹卫东结识。

· 2001年4月，北京科兴生物正式成立。

· 2002年，北京科兴生物甲肝灭活疫苗正式投入市场。

· 2003年，北京科兴生物完成SARS一期临床试验。

· 2004年，科兴控股生物技术有限公司在美国证券交易所上市。

· 2008年，科兴控股（香港）有限公司注册成立。

· 2009年，北京科兴中维生物技术有限公司注册成立。

· 2009年，科兴控股生物技术有限公司完成转板后在美国纳斯达克上市。

· 2015年，未名医药借壳万昌科技在A股成功上市。

· 2016年，科兴控股开始私有化。

·2018年，北京科兴生物在2017年度股东大会上"诞生"了两份不同的董事会名单；科兴控股宣布私有化进程被迫搁置。

·2019年，东加勒比最高法院正式听证审理1Globe起诉北京科举生物原董事会一案，禁止执行"股东权利（毒丸）"协议。

·2020年1月，北京科兴中维开始"克冠行动"。

·2020年6月，世卫组织将北京科兴中维研发的科兴新冠疫苗纳入"紧急使用清单"。

·2021年2月，科兴新冠疫苗在国内获批上市。

第三章

雷士照明：三战控制权，一代枭雄陨落

陈思晗

第1招：步步为营
第2招：借用良言
第3招：抽丝剥茧
第4招：有的放矢

扫码出招

看公司治理
如何反败为胜

提起国内有名的照明企业，就不得不提到一个响当当的名字——雷士照明有限公司（简称"雷士照明"）。雷士照明是中国照明行业极具影响力的龙头企业之一，品牌价值连续多年雄踞行业榜首。早在2010年，雷士照明就成功登陆港交所，名声大噪。然而上市之后，雷士照明的内部纠纷不断，控制权几度易手，股价一路走低（图3-1），甚至在2019年以约56亿元的低价"贱卖"70%的股份给国际投资机构KKR集团（Kohlberg Kravis Roberts & Co.L.P.，科尔伯格·克拉维斯·罗伯茨），并更名为"雷士国际"。一个曾经价值百亿的优秀民族品牌，最终却落入外资之手，令人唏嘘不已。

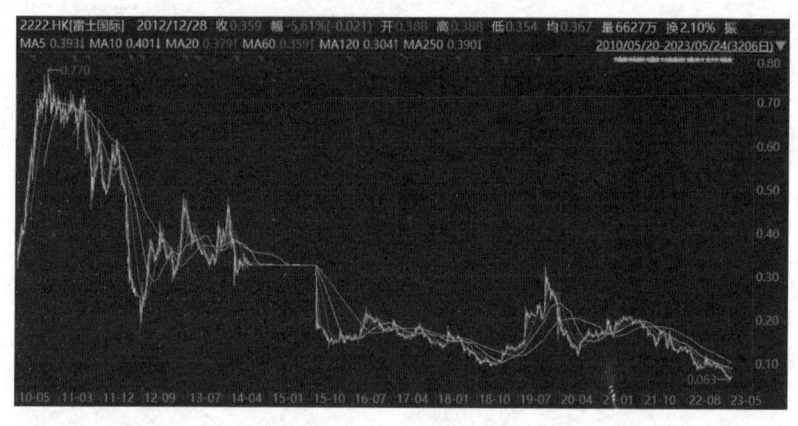

图3-1 雷士照明（国际）最近10多年股价走势图（2010年5月—2023年5月）

第三章 雷士照明：三战控制权，一代枭雄陨落

这不禁让人想起雷士照明曾经的辉煌历史，以及它背后那个指点江山、纵横市场的创始人——吴长江。草根出身的吴长江一手创立了雷士照明，并带领它从照明行业的激烈竞争中脱颖而出，短时间内发展成行业龙头，创造出中国本土照明企业的成长奇迹。

然而，资本市场瞬息万变，今日的顺畅可能变为明日的阻碍，昔日的盟友转身就可能兵戎相见。创业时意气风发的吴长江怎么也想不到，随着雷士照明的光芒愈加耀眼，自己会被迫陷入一个又一个资本的"黑暗漩涡"。一向讲究江湖道义的他，十年内三次被驱逐乃至失去雷士照明的江山。联合创始人与他割袍断义，外部投资者与他势如水火，亲密盟友纷纷倒戈相向……第一次被驱逐，他以退为进，顺利回归；第二次被驱逐，他力挽狂澜，绝处逢生；第三次被驱逐，他拼尽全力却再难扭转局势，最终从亿万富翁沦为阶下囚。

究竟是什么导致雷士照明内部控制权纷争不断？又是什么导致昔日风光无限的企业创始人最终锒铛入狱、黯然离场？接下来，我们沿着"悲情英雄"吴长江的人生之路，一起探访雷士照明的兴衰起落。

赤子追梦：出生草根，毅然南下，与灯结缘

1965年，吴长江出生在重庆铜梁的农村。

1985年，由于高考发挥失常，吴长江与心仪的清华大学失之交臂，被西北工业大学录取，学习飞机制造。毕业后，他被分配到陕西汉中航空公司，端上了令人羡慕的"铁饭碗"。

在陕西汉中航空公司，一身本领的吴长江很快就得到领导的赏识。1992年，邓小平南方谈话开启了新一轮改革开放的热潮，怀揣"老板梦"的吴长江，毅然决然放弃了被提拔为副处长的机会，只身南下广东闯荡。

开始时，吴长江在深圳市龙华区的一家自行车厂当储备干部，还临时做过公司保安。但他知道，这绝不是自己南下的追求。几个月后，经朋友介绍，他来到广州，进入一家港资灯饰企业打工。几经磨炼，吴长江总结出"老板定律"：第一，要能吃苦；第二，要胆子大，有风险意识；第三，要具有商业意识。他认为自己具备这些条件，而且自己读的书比很多老板多得多。于是，吴长江再次选择辞职。

1994年，他拿着1.5万元积蓄，找来另外5个股东，共同出资10万元成立了惠州明辉电器公司。

公司的第一笔订单让吴长江记忆犹新。一个香港客商要2万台变压器，并要求在两周之内交货。熟悉这一行的人都清楚，单是开一

个模具就要1个月，但吴长江毫不犹豫地接了单。于是，10多个人用一周时间画图、开模，连续干了几个通宵，最终完成了订单，这笔生意赚了20多万元。这一年，6个股东每人分了3.8万元。

就这样，吴长江在照明领域顺利地完成了最初的资本积累。

雷士崛起：大胆布局，强势发展，勇领前茅

1998年底，吴长江再次离职创业，联合高中同学胡永宏和杜刚，以100万元的注册资本成立了惠州雷士照明有限公司。其中，吴长江出资45万元，股权占比45%，胡永宏和杜刚各出资27.5万元，分别占股27.5%。

当时，飞利浦、欧司朗等国外照明行业巨头已占据中国大部分高端市场，本土企业如佛山照明、TCL也在默默发力，雷士照明正是在这种"内忧外患"中扬帆起航、乘风破浪。

"先定目标，再建工厂；营销未动，战略先行"——这是吴长江的创业思维。由此，吴长江为雷士照明定下企业发展的战略目标，即"创世界品牌，做行业第一，用3—5年的时间打造行业知名品牌"。

在战略目标确定、工厂落地运行之后，把产品更好地卖出去成为雷士照明的又一大任务。但雷士照明刚刚起步，资金有限，没有能力大举宣传造势，于是吴长江想到了"专卖店"这一全新的营销

模式。很多人不理解这种做法,但在吴长江看来,专卖店不仅可以免费宣传,有助于树立企业形象,还能帮助企业快速扩张,可谓一举多得。2000年7月,雷士照明第一家专卖店在沈阳开张。一年之后,这样的店已经有了十几家,经销商反映,挂牌的店比不挂牌的店销量更好。渐渐地,有经销商主动找上门申请加盟雷士照明。

此外,吴长江带领雷士照明在行业内率先实行产品召回制度。2000年,一批已经卖出的价值200多万元的产品出现了质量问题。是召回产品还是夹着皮包走人?在这关键时刻,吴长江当即决定召回全部问题产品。有员工提出把这些问题产品上的雷士照明商标抹去后再次销售,被吴长江断然否决。最终,雷士照明以200多万元的净损失换来满满的市场声誉。当年年底,雷士照明的销售额达到7 000万元。

在吴长江的指挥下,雷士照明在通往行业巨头的路上高歌猛进。然而,风平浪静的背后,一场暴风雨即将来临。

控制权争夺第一战:
矛盾初起,割袍断义,分道扬镳

2002年,吴长江与另外两位创始人胡永宏、杜刚在公司经营管理和利润分配问题上产生矛盾。为了平衡内部关系,使公司发展更加稳定,吴长江将自己11.66%的股份转让给胡永宏和杜刚,转让后，吴长江持有的股份为33.34%，胡永宏和杜刚持有的股份均为33.33%。

然而，吴长江的慷慨与妥协，并没有阻挡暴风雨的来临。

2005年，吴长江与胡永宏和杜刚的矛盾逐渐激化。吴长江希望雷士照明集中经销权、下放管理权、设立省级运营中心的提议遭到胡永宏和杜刚的强烈反对。双方互不让步，但由于对方共持有66.66%的股份，而吴长江只有33.34%的股份，吴长江提出将企业的估值按2.4亿元计算，自己以8 000万元的对价出让手中的全部股份，并彻底退出雷士照明。

这究竟是吴长江的忍让妥协还是以退为进？

事实上，与很多同时代的民营企业创始人相似，吴长江一身江湖气，为人讲诚信、重情义，极具个人魅力，因此与众多员工和经销商关系密切，也得到他们的认可和拥护。这正是吴长江可以使用的撒手锏。果然，就在吴长江签订协议退出雷士照明的第3天，事情发生了戏剧性的转变。刚离开惠州，吴长江就接到一位供应商的电话，让他赶紧回公司。一回到惠州，他就被直接带到了公司大会议厅。大会议厅内挂着"雷士战略研讨会"的横幅，里面坐了200多位来自全国各地的供应商、经销商和公司的中高层干部。大家决定举手表决吴长江的去留，结果是全票同意吴长江留下，胡永宏和杜刚则表示退出公司。但此时公司必须支付给这两位股东每人8 000万元，由于缺乏足够的现金，他们商量出一个折中方案：公司在30

天内分别支付给胡永宏和杜刚每人5 000万元，剩余款项在6个月内付清。

无论是有心还是无意，吴长江都通过自身的利益同盟成功实现了反击，获得雷士照明100%的控制权。至此，控制权争夺第一战落下帷幕。雷士照明1998—2005年股权结构变化情况如图3-2所示。

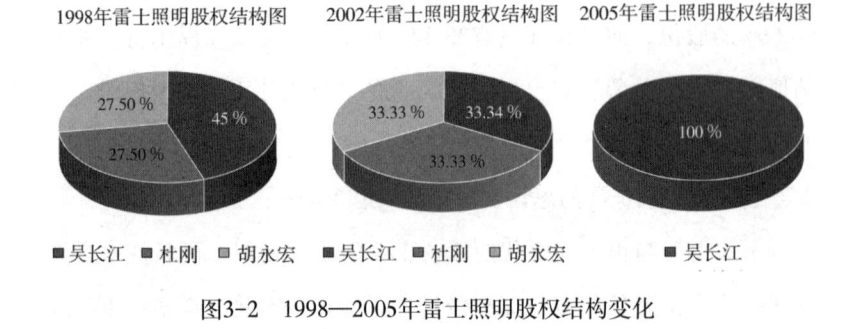

1998年雷士照明股权结构图　　2002年雷士照明股权结构图　　2005年雷士照明股权结构图

- 吴长江 27.50%　杜刚 27.50%　胡永宏 45%
- 吴长江 33.33%　杜刚 33.33%　胡永宏 33.34%
- 吴长江 100%

图3-2　1998—2005年雷士照明股权结构变化

控制权争夺第二战：
引狼入室，力挽狂澜，化险为夷

虽说在经销商的支持下，吴长江获得了100%的股权，但要在半年内支付1.6亿元，公司资金链吃紧，吴长江更是苦不堪言。重压之下，吴长江开始满世界找钱。

吴长江首先求助联想的柳传志，邀请联想入股雷士照明。柳传志很欣赏吴长江，考虑用旗下的联想投资来入股雷士照明，但联想投资需要较长的审批流程，远水难救近火。在柳传志的联系下，与联想有合作关系的叶志如通过正日公司借款给雷士照明200万美元，并在后来"债转股"。

正当吴长江焦头烂额之际，亚盛投资的总裁毛区健丽出现了，她成为雷士照明的融资顾问，并逐渐对雷士照明内部的股东纠纷和资金状况有了清晰的了解。为表诚意，毛区健丽先借给吴长江2 000万元帮助雷士照明资金周转，还向吴长江承诺自己募来的资金能在3个月内到账。

俗话说，"无利不起早"，毛区健丽看似慷慨解囊的背后当然也藏着她的如意算盘，然而，无处觅得生路的吴长江不得不搭上这条"贼船"。

2006年6月，毛区健丽用自有资金494万美元做杠杆，加上应收顾问费100万美元，以及从陈金霞、吴克忠、姜丽萍3位投资者手中募集的400万美元，向雷士照明注资994万美元，获得30%的股份。交易次日，毛区健丽将10%的股份转给3位投资者，自己保留了20%的股份（此时雷士照明的股权结构如图3-3所示）。按雷士照明2005年净利润700万美元计算，这笔投资对应的市盈率仅有4.7倍，通常企业A轮融资的平均估值水平应该是8~10倍市盈率。此外，通过将陈金霞等3位投资者应获的股份左右倒手，毛区健丽更将自己的投资市盈率降至4.2倍，如不考虑100万美元的顾问费投资，其现金投资的市盈率仅为3.5倍。毫无疑问,吴长江被迫以"地板价"贱卖了雷士照明的股份。然而,当时走投无路的他,纵使知道自己被趁火打劫也无可奈何。

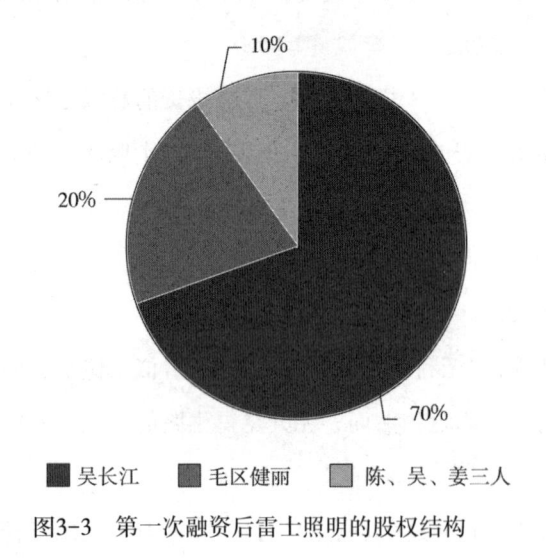

图3-3 第一次融资后雷士照明的股权结构

2006年8月,在毛区健丽的牵线下,风险投资机构软银赛富(2009年更名为赛富投资基金)出资2 200万美元,以8.8倍市盈率获得雷士照明35.71%的股份,成为雷士照明的第二大股东,叶志如也实现"债转股",以8.9倍市盈率获得3.21%的股份。吴长江的持股比例降至41.79%,失去绝对控股权(图3-4)。

通过前后两轮融资,雷士照明募得资金折合人民币约2.6亿元,虽然为吴长江解了燃眉之急,但也深深埋下了控制权争夺的隐患。

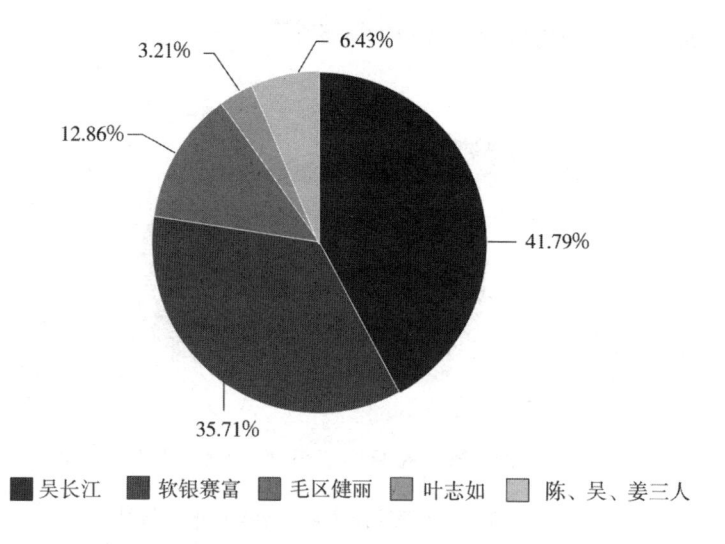

图3-4 第二次融资后雷士照明的股权结构

2008年，为增强技术能力，雷士照明以"现金+股票"的方式收购世通投资有限公司（母公司为世纪集团），其中现金部分必须支付4 900余万美元。当时，雷士照明并没有足够的现金来支付这笔收购款，于是再次寻求外部投资者注资。在这次募资中，高盛闻讯而来，向雷士照明投入3 656万美元，持股11.02%，成为第三大股东；软银赛富跟投出资1 000万美元，以36.05%的持股比例成为雷士照明的第一大股东。而吴长江无力跟投，持股比例降至34.4%，失去第一大股东地位。雷士照明以"现金+换股"方式完成对世通投资有限公司的收购后，吴长江的股权被进一步稀释至29.33%。此次融资完成后，雷士照明的股权结构如图3-5所示。

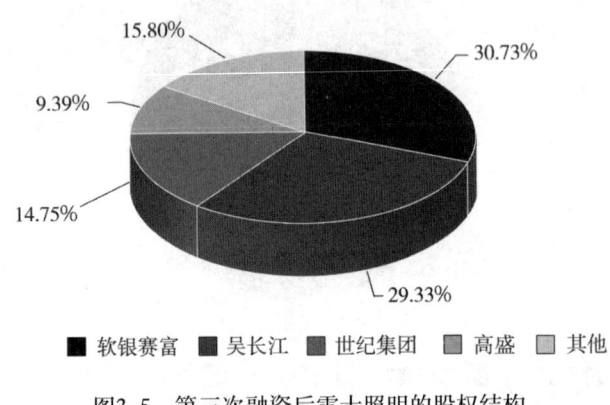

图3-5 第三次融资后雷士照明的股权结构

软银赛富 30.73%
吴长江 29.33%
世纪集团 14.75%
高盛 9.39%
其他 15.80%

2010年5月20日，凭借国际投资背景，雷士照明在香港联交所成功上市，募资14.57亿港元，一跃成为最具国际化潜质的中国照明企业，一时之间，风光无限。投资人也由此赚得盆满钵满，其中获得最多收益的莫过于毛区健丽。通过此前种种操作以及在雷士照明上市前后的多次股票套现，她的个人投资回报率超过20倍，俨然是当之无愧的资本猎手。

2011年7月21日，由赛富投资基金和高盛牵线，雷士照明引进法国施耐德电气作为策略性股东，由赛富投资基金、高盛联合吴长江等六大股东，以4.42港元/股的价格共同向施耐德转让2.88亿股股票。施耐德耗资12.75亿港元，以9.22%的持股比例成为雷士照明的第三大股东。此时，吴长江手中仅剩15.33%的股份（图3-6）。

交易结束后，施耐德就和雷士照明签订了为期十年的"销售网络战略合作协议"。根据该协议，施耐德的电气产品可以通过雷士照明旗下的3 000家门店进行销售，这正好弥补了施耐德在中国地区销售渠道上的空缺。同时，作为电气领域的全球500强企业，施耐德的楼宇以及住宅电力解决方案是其五大核心业务之一，施耐德每接一个电气工程项目，雷士照明就可以配套上相应的照明解决方案。因此，双方达成战略合作的协同效应非常明显。

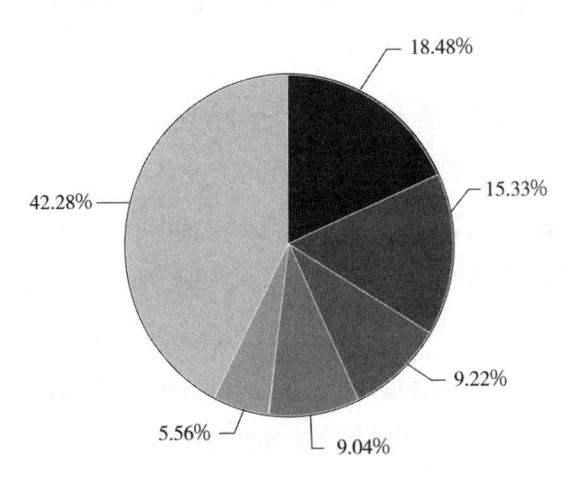

■赛富投资基金　■吴长江　■施耐德　■世纪集团　■高盛　■其他

图3-6　第四次融资后雷士照明的股权结构

这正是吴长江的设想。此时的吴长江已不是第一大股东,可他非但不担心控制权旁落,反而向施耐德转让部分股份,"草莽英雄"的自信显露无余。这一点也反映在吴长江的一些言论上,很多人担心他因股权被稀释而失去对公司的控制,但他表示从来不担心这一点:"因为投资机构投资雷士(照明)是希望在雷士(照明)身上赚钱,希望雷士(照明)给他们带来更大的回报。我是一个做事的人,包括高盛、赛富投资基金在内的投资者非常喜欢我,对我评价很高,他们很难找到我这样有这么好的心态、这么尽心尽职、这么不辞辛苦做事的人。他们非常认同我,非要我来做雷士(照明)不可。"

然而,在无情的资本江湖中,嗜血的资本家们并不会对暴露软肋的吴长江心慈手软。作为浸淫市场多年的风险投资人,赛富投资基金和高盛在雷士照明上市后并未及时套现离场,反而在一年后通过引进施耐德谋划退路,这不得不让人怀疑,此举是一场提前密谋的血腥屠戮。吴长江在这一回合中可谓引狼入室而浑然不知。

2011年9月,施耐德提名李新宇出任雷士照明副总裁,分管商业照明工程及项目审批,这是雷士照明的核心业务之一。吴长江这才察觉到投资人的野心。于是,他通过在二级市场杠杆式增持股份的方式,使自身持股超过19%,成功重回第一大股东地位。

然而,吴长江的少量增持无济于事,这可以从雷士照明的董事会结构中得到解释。2006年,软银赛富入股雷士照明之后,阎焱与林和平作为软银赛富代表进入雷士照明董事会，同样，高盛和施耐德入股雷士照明后，二者的代表人许明茵和朱海也进入雷士照明董事会。此时，雷士照明董事会成员共9人，除3名独立董事外，吴长江方仅占据2席（吴长江和穆宇），而外部投资者方（软银赛富、施耐德、高盛）占据4席（表3-1）。创始人与外部投资者的董事会席位比例为2∶4。在这种情况下，吴长江仍无力扭转自身所处的弱势局面。

表3-1 第四次融资后雷士照明的董事会席位分布

序号	姓名	职位	代表方
1	吴长江	执行董事	吴长江
2	穆宇		
3	阎焱	非执行董事	软银赛富
4	林和平		
5	许明茵		高盛
6	朱海		施耐德
7	王锦燧	独立非执行董事	—
8	Karen Robert/Den Dass		—
9	Alan Russel Powrie		—

纵使在控制权上处于劣势，吴长江依然非常自信，将雷士照明视为一己之物，多次无视公司决议和董事会规则行事，比如在未与董事会协商的情况下将雷士照明的总部迁往重庆、给高管发放奖金

等，因此受到其他投资人的指责。以阎焱为代表的投资人认为吴长江不遵循现代企业管理的规章制度，一意孤行，吴长江则认为投资人不懂经营管理、粗暴干涉业务，双方的矛盾越积越深。

2012年5月25日，一场"以退为进""欲擒故纵"的大戏正式拉开帷幕。吴长江突然宣布因个人原因辞去雷士照明董事长、执行董事和首席执行官的职务，由赛富投资基金的阎焱接任董事长、施耐德的张开鹏接任首席执行官。据雷士照明的内部人士称，张开鹏与阎焱是南京航空航天大学的校友，此前发生的种种究竟是不是预谋，如今也没人能说清楚了。

5月25日当晚，吴长江连发两条微博，就辞职一事进行回应。他表示"由于我近期身心疲惫，想休整一段时间，所以辞职"，并称"等我调整一段时间，我依然会回来的，我为雷士（照明）倾注了毕生的心血，我不会，也永远不会放弃"。

对于此次事件，吴长江与阎焱的口风一直保持一致，双方均在微博上表示内部没有任何矛盾。直至2012年6月19日，公司股东大会否决吴长江的弟弟吴长勇进董事会的提案。自此，幕后的"暗斗"转为台前的"明争"，吴长江向媒体表示自己"不想下船，但被逼下船"，但自己不会放弃雷士（照明），正在调集资金补仓，要拿回第一大股东的地位。

2012年7月9日，阎焱就吴长江辞职事件对媒体做出澄清，雷士照明董事会并没有对吴长江"关上门"，吴长江要回雷士照明，只需要满足三个条件：第一，必须跟股东和董事会解释清楚被调查事件；第二，处理好所有上市公司监管规则下不允许的关联交易；第三，必须严格遵守董事会决议。

2012年7月12日凌晨，吴长江连发5条微博，称他因公司2009年聘请了一位顾问而协助有关部门调查，出于对董事和大股东的尊重，第一时间告诉了阎焱，然而在第二天却被告知董事们一致要求他辞去董事长、CEO及附属公司一切职务，并先回避一段时间。他认为，阎焱是在攻击他，他也绝对不会接受阎焱的三个条件。

同时，吴长江密谋着再次使出夺权的撒手锏：他与雷士照明的员工、经销商、供应商等利益相关者长期建立起来的利益捆绑关系和信任关系，并非他人可轻易取代。于是，在同日召开的名为"雷士集团高管会暨集团董事见面会"的闭门会议上，"逼宫"戏码再次上演。雷士照明的中层管理人员、基层员工、经销商、供应商等，齐齐向董事会提出诉求，包括改组董事会、让吴长江尽快回到雷士照明工作、让施耐德退出雷士照明等。隔日，出现了高管辞职、员工罢工、经销商中止订单、供应商停止供货等情况。之后，更有经销商联盟注册了新的品牌。

这一系列的操作，让雷士照明一度陷入停摆。作为妥协，施耐德的股权代表李新宇、李瑞从雷士照明辞职，但公司仍反对吴长江重返董事会。

8月14日，雷士照明发布公告对吴长江的卸任缘由进行说明，并披露了吴长江在任职期间的种种不当行为。首先，吴长江与部分经销商及员工之间存在利益捆绑，在雷士照明IPO时，他曾协助一些经销商和员工购买股票，资金汇入他的私人账户，他还曾从经销商处获得个人贷款。其次，吴长江屡次越过董事会擅自行动，如将雷士照明部分总部（包括CEO办公室、部分人力资源、法律、国内销售及市场推广、采购、研发、财务部门）由广东惠州迁往重庆，并与当地政府签署了相关合同文件。他还曾将因在重庆万州设立生产基地而获得的房地产开发优惠机会转给雷士房地产公司，据悉，吴长江的夫人此前是该公司的股东。

此外，公告披露了吴长江所涉及的持续关联交易情况（表3-2）。此前，雷士照明与中山市圣地爱司照明有限责任公司、重庆恩林电器有限公司、山东雷士照明发展有限公司、重庆恩纬西实业发展有限公司四家公司进行了关联交易。截至2012年8月7日，中山市圣地爱司照明有限责任公司、重庆恩林电器有限公司、山东雷士照明发展有限公司三家公司有2 000余万元未及时向雷士照明偿付。基于此，雷士照明认为"重新委任吴长江为本公司董事长及董事有违上市公司之守责，并不妥当"，这意味着吴长江无法回归雷士照明董事会。

表3-2 吴长江涉及的关联交易

公司名称	关联关系	关联交易内容
中山市圣地爱司照明有限责任公司	吴长江岳母陈敏持股40.93%	与雷士照明订立了商标许可框架协议和分销管理框架协定，使用雷士照明的商标贴牌生产照明产品，再利用雷士照明的渠道销售其他产品。雷士照明收取贴牌产品收入的3%作为商标许可费，并对使用雷士照明分销网络的产品收取收入的6%~8%
重庆恩林电器有限公司	吴长江岳母陈敏持股36.2%	
山东雷士照明发展有限公司	吴长江岳母陈敏持股48%	
重庆恩纬西实业发展有限公司	吴长江岳父吴宪明持股49.67%	与雷士照明签订了生产框架协议。根据该协议，重庆恩纬西实业发展有限公司作为订约生产商，根据雷士照明的设计和技术标准，为其生产户外灯具

2012年8月15日，受此公告影响，雷士照明在港交所复牌交易，开盘后，股价急跌，截至收盘下跌0.4港元，跌幅达28.37%。

8月28日，雷士照明2012年上半年业绩公告显示，公司税前利润与同期相比下降了75.1%，公司拥有人应占的本期利润与同期相比更是下降了83.7%（表3-3）。

表3-3 雷士照明6个月的中期业绩公告（截至2012年6月30日）

项目	金额/千美元	与同期比较
收入	255 930	下降4.1%
毛利	57 570	下降18.1%
税前利润	11 760	下降75.1%
本公司拥有人应占的本期利润	6 468	下降83.7%

以赛富投资基金和施耐德为代表的外部投资者眼看着雷士照明的股价一路狂跌，核心高管相继离职，日常经营持续瘫痪，财务状况不断恶化……再这样下去，捕网破了，鱼也得溜走。为了自身利益，他们不得不妥协。

2012年9月4日，雷士照明正式发布公告，任命吴长江为公司临时运营委员会负责人。该运营委员会成立后，将接管现行管理委员会的职能和责任，管理公司日常运营，并向董事会汇报。吴长江由此重获部分控制权。

事实上，外部投资者并非不想及时采取措施"补网"，而是他们身为"跨国人侵者"，一是不熟悉中国市场的"江湖规则"，二是无法占领舆论高地，三是不了解吴长江的玩法，只能眼睁睁地任由他操弄。

9月29日，雷士照明此次控制权争夺战的三方关键人——吴长江、赛富投资基金合伙人阎焱、施耐德中国区总裁朱海首次共同公开亮相，达成和解。三人表示，之前的风波是因为对公司管理方式的意见不同，并无权力、利益的斗争，如今已达成和解，有信心使雷士照明重回正常轨道并取得良好业绩。

至此，雷士照明持续三个多月的控制权之争，以吴长江的回归而告终。然而，吴长江不会想到，这次回归，才是他最终失败的开始。

控制权争夺第三战：
再次引狼入室，孤立无援，被迫出局

再次回到雷士照明的吴长江空有公司临时运营委员会负责人的职位，实际上已丧失大部分话语权。为了拓展LED照明业务，并对赛富投资基金和施耐德形成股权制衡，2012年12月底，吴长江将持有的11.81%股份转让给香港德豪润达公司（简称"德豪润达"），再加上二级市场的增持部分，德豪润达合计持股20.05%，成为公司第一大股东（图3-7）。同时，吴长江通过认购德豪润达非公开增发的股份，成为德豪润达第二大股东。通过交叉持股，表面上吴长江持有不少雷士照明的股份，但大多数为间接控制，没有直接表决权，无法在控制权争夺战中发挥作用。

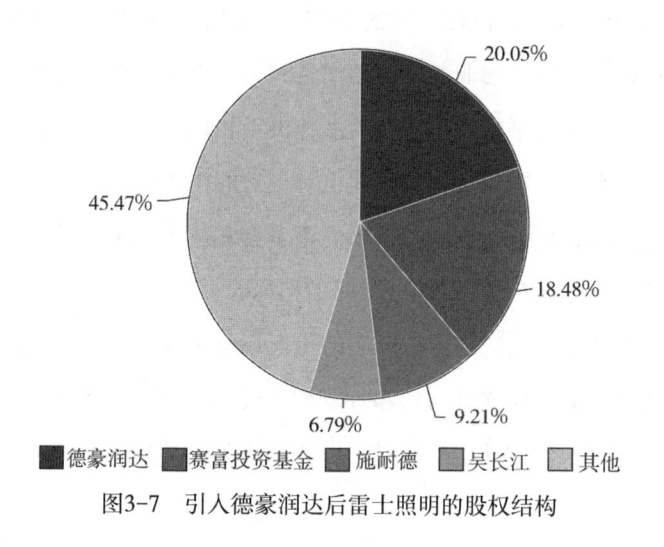

图3-7 引入德豪润达后雷士照明的股权结构

2013年1月11日，雷士照明在深圳举行董事会及运营商见面会。见面会上，雷士照明董事会宣布临时运营委员会正式解散，并正式任命吴长江为CEO，德豪润达的董事长王冬雷为非执行董事。

2013年4月5日，阎焱辞去公司董事长、非执行董事及薪酬委员会成员职务，王冬雷接任公司董事长。

2013年6月21日，公司股东大会选举吴长江、王冬明（王冬雷的弟弟）为公司执行董事，吴长江借助德豪润达曲线回归董事会。

然而，这一次看似美满的"联姻"，实则是又一次引狼入室：德豪润达企图从各个方面掏空雷士照明。

首先，德豪润达计划侵占雷士照明的品牌。2013年6月14日，德豪润达通过公告宣布和惠州雷士签署了《商标使用许可合同》。合同规定：德豪润达的LED光源产品可以使用雷士照明的商标，许可时间为2013年6月1日至2016年5月31日。LED光源产品每年销售额能达到10亿元，把这项业务转移给德豪润达，表面上充分发挥了双方的优势，实际上是将雷士照明的品牌拱手相让，严重损害了雷士照明自身的利益。实际上，吴长江也有自己的生产企业，可以代工生产光源产品，但他却在这一事项的董事会表决中投了赞成票。可以说，是吴长江亲手推动了自己后来的出局。

其次，德豪润达向雷士照明的生产端发起进攻，试图将雷士照明的核心业务（球泡灯、T5和T8支架）转移到德豪润达生产，虽然此举遭到吴长江方的强烈反对，但"T8支架"的核心业务还是转移至德豪润达。

最后,德豪润达还试图夺取吴长江的撒手锏,即雷士照明的经销商渠道。吴长江曾设想,将雷士照明的经销商渠道整合装入上市公司,做一个"大雷士"。这样一来,自己的股份大了,话语权就多了,如果王冬雷不同意,就把渠道单独上市。王冬雷自然不可能同意,但他也不会坐以待毙。身为民营企业股东,王冬雷同吴长江一样深谙"江湖规则",他开始花大价钱,笼络雷士照明的经销商。2014年3月,德豪润达与雷士照明的全国37家运营中心签署意向销售总额约为10亿元人民币的《2014年度区域运营中心经销商协议》,这一协议正是王冬雷的笼络手段之一。

就这样,王冬雷实现了对雷士照明从生产到销售、从品牌到渠道的渐进式把控。

在对股权和董事会的控制上,德豪润达同样没有手软。2014年4月,德豪润达再次斥资5亿元人民币收购雷士照明6.86%的股份,持股比例由此增加到27.1%,而吴长江的持股比例被降至2.54%;5月,德豪润达以合并雷士照明财务报表的名义,将穆宇的董事席位替换为德豪润达的代表;7月,雷士照明发布公告,宣布对旗下11家附属公司的董事会进行改组,吴长江及其团队退出董事会,其职务由德豪润达的王冬雷、肖宇等人接替。

2014年8月8日,雷士照明正式公布了与吴长江的"离婚证"。公告称,吴长江于2012年代表雷士照明的附属公司惠州雷士光电科技有限公司,与山东雷士照明发展有限公司、重庆恩纬西实业发展有限公司和中山市圣地爱司照明有限责任公司各签署一份许可协议,授予三家公司为期20年的雷士照明品牌使用权,而董事会的多数成员在此之前并不知道许可协议的存在,董事会亦未批准、授权或追认任何该等协议的签署。公司董事会决议罢免吴长江首席执行官以及吴长勇、穆宇等人副总裁的职务,并着手对公司中高层进行调整。

同日,王冬雷带领数十人的队伍前往吴长江处交接工作,吴长江拒绝交出公司的营业执照、工商资料和财务印章,双方发生激烈的肢体冲突,吴长江的助理及司机被打伤。昔日的"恩爱夫妻"就此彻底决裂。

8月9日凌晨,雷士照明的中层收到一封邮件,是王冬雷签名落款的《员工告知书》。王冬雷以雷士照明董事长兼CEO的身份,讲述了吴长江私下进行公司品牌授权,涉嫌利益输送、侵占挪用诈骗公司资金的诸多行为,并称因此董事会决定罢免其职务。

8月11日,吴长江与王冬雷在各自的记者发布会上隔空对峙。吴长江称当初是自己挽救了王冬雷,而王冬雷不断越权插手公司的经营,又因报销问题屡次受阻而怀恨在心,因此对自己实施打击报复。王冬雷则称当初是自己帮助吴长江回归董事会,但吴长江不按上市公司的规则出牌,不断扩大关联交易以谋求私利,一次又一次地冲撞上市公司的底线,使董事会忍无可忍。王冬雷还指责吴长江嗜赌成性，7月18日，他在办公室坦白自己欠了4亿元赌债，每月利息超1000万元，并公布了这段对话的录音。

但这场剑拔弩张的激辩未能挽救吴长江的败势。辩场外，吴长江曾试图获取经销商的支援，然而，一年前还抱团"挺吴"的经销商队伍，如今却集体倒戈。8月14日，公司29家省级经销商签署声明表示支持公司决议，这些经销商的合计销售额约占雷士照明销售总额的80%以上。对此，吴长江一方曾向媒体表示，王冬雷一方是以"胡萝卜加大棒"的方式来胁迫经销商，若不签字支持就取消运营资格，若签字支持则许诺一次性签署5年运营协议。王冬雷一方表示，经销商的支持是自愿的和合理的。真相究竟如何，如今已不得而知。但不可否认的是，王冬雷一方早已摸清了吴长江的套路，并彻底封死了吴长江的求生之路。

在2014年8月29日召开的股东大会上，雷士照明95%以上的股东通过决议，正式罢免了吴长江的董事职务及其在公司任何董事会下属委员会的职务。

事实上，吴长江在执掌雷士照明期间漠视公司治理留下的众多"罪证"才是压垮他的最后一根稻草，也导致他再无翻身的可能。

2014年10月8日，雷士照明发布公告称吴长江违规进行抵押担保，使雷士照明遭受1.73亿元巨额损失。

10月28日下午，随着雷士照明的官方微博晒出一张"立案告知书"，惠州市公安局随即向外界证实，吴长江因涉嫌挪用资金被惠州警方立案侦查。

11月19日，雷士照明再次对外披露了吴长江与3家银行签订的共涉及4.75亿元资金的违规担保协议。

2015年1月，吴长江因涉嫌挪用资金罪被批准逮捕，在此次控制权争夺战中彻底出局。

2016年11月21日，吴长江因挪用资金罪、职务侵占罪一审被判处有期徒刑14年，并处没收财产50万元，责令其退赔370万元给被害单位重庆雷士照明有限公司。经法院审理查明，2012年至2014年8月期间，吴长江未经雷士照明董事会决议，将公司位于3家银行的流动资金存款转为保证金，安排陈严（吴长江的助理）携带公司公章到3家银行办理手续；同时，吴长江分别以5家本人实际控制的公司为贷款主体，以雷士照明的保证金作为担保，由孙某伪造购销货物合同，在没有实际发生交易的情况下，向上述3家银行先后共申请流动资金借款9亿多元，款项发放后，均由吴长江个人支配使用。雷士照明为此先后出质保证金总额9亿多元。后来，由于吴长江无力偿还上述贷款，雷士照明的5亿多元保证金被强行划扣（表3-4）。吴长江犯职务侵占罪则是因2014年初，吴长江将一笔处理重庆雷士照明有限公司的370万元废料款不转入公司财务部门，却供其本人使用，并将变卖废料的原始财务凭证销毁。破案后，370万元未能追回。

表3-4 吴长江涉及的违规担保

序号	公司名称	关联人员	违规担保情况
1	重庆恩纬西实业发展有限公司	吴长江的岳父吴宪明	总违规担保金额达92 388万元，由于被告人吴长江无力偿还上述贷款，雷士照明的55 650.23万元保证金被强行划扣
2	重庆雷立捷实业发展有限公司	吴长江的配偶吴恋、岳母陈敏	
3	重庆华标灯具制造有限公司	吴长江的岳父吴宪明	
4	重庆江特表面处理有限公司	吴长江的岳父吴宪明	
5	重庆无极房地产开发有限公司	吴长江的配偶吴恋	

2018年8月31日，广东省高级人民法院做出裁定，认为原审判决"认定事实不清，证据不足"，决定撤销一审判决，发回重审。

2021年4月30日，吴长江在被羁押6年多后，终于等到重审一审宣判：犯挪用资金罪和职务侵占罪，决定执行有期徒刑十年，并处没收财产50万元。同时，责令吴长江退赔人民币55 650.23万元给被害单位雷士照明（中国）有限公司，退赔人民币370万元给被害单位重庆雷士照明有限公司。

一代枭雄，就此悲剧陨落……

吴长江离开后的雷士照明，也不复昔日荣光，股价走低，市值蒸发，最终在2019年以低价卖身国际投资机构KKR。至此，一家优秀的民族企业，最终改名换姓，落入外资的口袋。

几番沉浮起落：中国的吴长江们该何去何从

谁也不曾想到，吴长江会从自己一手创办的企业里狼狈出局。事实上，在三次控制权争夺战中，吴长江的持股比例不断被稀释（图3-8），且始终低于每一次事件的另一方的持股比例，在董事会席位上也处于劣势。吴长江为何能在前两回合扭转局势、反败为胜，在第三回合再无反击之力？在前两回合中，他很好地利用了自身的社会资本，完美地赢得博弈的胜利；在第三回合，他引以为傲的社会资本反而成了压垮他的稻草，导致大权旁落，江山易主。

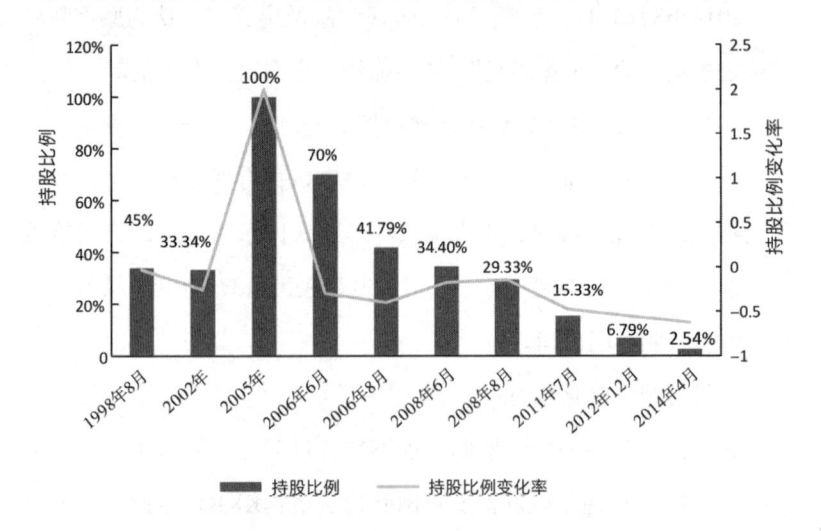

图3-8　1998—2015年吴长江的持股比例变化

吴长江的大败局，可以说是种种因素相互作用的结果：股权设计得不合理、对控制权的漠视埋下隐患，合伙人的反水、经销商的倒戈推波助澜，自身的违法行为暗示了他的悲剧结局。事实上，抛开主观和客观因素，归根结底，吴长江的大败局更像是一种宿命式的悲剧。回望吴长江与资本斡旋的这一历程，被外界形容为"草莽英雄"的他，可谓把江湖道义贯彻执行到底，他讲诚信、重感情、肯于让利、勇于担责，因此能凝聚人心。但硬币总有两面，江湖气概之下，吴长江做事草率鲁莽、过度自信、不讲章法，他甚至直言："我相信伟大的人性治理，而不是虚伪的契约精神。"这导致他在现代化企业的发展中显得格格不入：始终将公司视为己物，排斥专业化的管理，常常只凭个人的判断和喜好进行决策，屡屡做出违背现代企业规则的事。然而，"天下熙熙，皆为利来；天下攘攘，皆为利往"，资本的名利场不是吴长江向往的浩荡江湖，道义为先不是行走江湖的绝世武功，利益至上才是多数人的行动准则。当共同利益不存在了，建立在此基础上的情与义也就消散了。在个性的驱使和利益的催化下，吴长江的失败出局也就成为一种命定的必然。

不管结局如何，这位曾经的雷士照明领袖，都在中国商业史上留下了浓墨重彩的一笔。吴长江的败局，是警示，更是启示。历史终将如流水般逝去，新一代的创始人们，要顺应时代的发展和环境的变化，努力成长为成熟且自律的现代企业管理人，避免重蹈其覆辙。

思考题

1. 民营企业创始人与其引入的外部投资者之间为什么会发生控制权争夺战？股东之间存在矛盾的主要原因是什么？

2. 影响股东实际控制权的因素有哪些？是什么导致吴长江在前两次控制权争夺战中成功回归，却在第三次控制权争夺战中失败离场？

3. 如果你是吴长江，该如何突破创始人困境？（如何在引入外部资本发展企业的同时，保证实际控制权不落入外部资本与职业经理人手中？）

雷士照明大事记

·1998年，雷士照明正式成立。

·1999年，在中国照明行业率先提出"商业照明"概念。

·2000年，第一家雷士照明品牌专卖店开业，开创了中国照明行业品牌专卖模式。

·2001年，通过ISO9002质量体系认证。

·2002年，美国国际品质管理委员会（IQAC）评定雷士照明产品为"高品质产品"。

·2003年，"雷士"品牌被中国照明学会、中国名牌促进会评为"中国照明行业最具竞争力十大名牌"。

·2004年，"雷士"商标被广东省工商行政管理局评为"广东省著名商标"。

·2005年，全国35家雷士照明运营中心正式成立，拉开雷士照明渠道变革的序幕。

·2006年，建立广东惠州雷士工业园；引进软银赛富的投资。

·2007年，中标2008北京奥运工程；英国子公司NVC UK成立，开始在欧洲推广并销售雷士照明产品。

·2008年，全面参与北京奥运会灯光照明工程，工程项目包括奥林匹克中心区、奥运村、国家会议中心等，成为中标项目多、产品应用广的本土照明企业。

·2009年，与广州亚组委签约，成为"广州2010年亚运会灯光照明产品供应商"。

·2010年，在香港主板成功上市（股份代号：02222.HK）；同年承揽并完成世博会照明工程、广州亚运会、南非世界杯等著名工程。

·2011年，被评为"中国绿色照明教育示范基地"，签约成为"亚奥理事会照明及服务合作伙伴""2013第六届天津东亚运动会照明及服务独家供应商"。

·2012年，与中国香港、中国澳门、中国台北奥委会签约成为合作伙伴；德豪润达入股雷士照明并成为第一大股东，完成上下游产业一体化布局，全面转型LED。

·2013年，签约国际泳联官方合作伙伴、国际泳联指定产品供应商；中标2014年南京青奥会场馆照明建设。

·2014年，与德豪润达在北京联合发布重点布局O2O发展战略。

·2015年，中标2015米兰世博会阿曼馆、卡塔尔馆；在第四届中国LED风云大会上，雷士照明与王冬雷分获中国LED风云榜三项大奖。

·2016年，荣获中国最具价值品牌500强，连续5年占据中国照明行业榜首；成为巴西里约奥运会奥林匹克大道马杜雷拉奥运公园的照明服务商；中标G20杭州峰会项目；成为2016年世界男子水球联赛独家冠名商。

·2017年，荣获中国最具价值品牌500强，连续6年占据中国照明行业榜首；雄踞"2016中国LED照明灯饰行业100强"榜首；重磅推出高端欧美轻奢品牌——"LEEDS CASTLE雷士·利兹城堡"。

·2018年，入选《中国500最具价值品牌》，连续7年蝉联照明行业榜首；雄踞"2017中国LED照明灯饰行业100强"榜首。

·2019年，与KKR集团达成战略合作；连续8年占据中国照明行业榜首；12月，雷士照明控股有限公司更名为雷士国际控股有限公司。

·2020年，连续9年蝉联中国照明行业榜首；入围亚洲品牌500强排行榜，位列第385名，成为亚洲范围内照明电器行业首次且唯一入选的照明品牌。

·2021年，发布全新品牌战略"全面提升光的价值"，并正式发布5大业务子品牌；连续10年蝉联中国照明行业榜首；入围亚洲品牌500强排行榜，位列第368名，是亚洲范围内照明电器行业唯一连续两年入选的照明品牌。

·2022年，连续11年蝉联中国照明行业榜首，品牌价值首次突破500亿元。

第四章

微念：昔日桃源子柒，今已人面桃花

蒋晶晶

- 第1招：步步为营
- 第2招：借用良言
- 第3招：抽丝剥茧
- 第4招：有的放矢

扫码出招
看公司治理如何反败为胜

在遇见李子柒（本名李佳佳）之前，刘同明如同一介默默无闻的"渔夫"。

虽然是一介渔夫，但并不意味着刘同明未曾扰动短视频行业市场平静的水面、激起过水花。刘同明进入网络红人圈多年，拥有运营网络红人的丰富经验。2006年，他开设的短视频账号获得千万访问量，半年内将个人网站推到日几十万免费精准流量，类目排名第8位，之后服务过众多品牌的营销推广，积累了丰富的资源和电商经验。

基于对过往经历的判断和对自身洞察力的肯定，2013年2月，刘同明创办了杭州微念科技有限公司（简称"微念"），但是公司成立后依旧不温不火。可能是行业尚处于成长阶段，无际的水面看不到前方红日初升的熹微；可能是渔夫在等一个人，等这个人引他步入一片桃花源，发现另一番洞天，后来的故事告诉我们：这个人就是李子柒。

2016年，短视频的风口降临到刘同明面前。在这个短视频元年，"网红"迭出，整个短视频行业开始野蛮生长。刘同明岂会错过这样的机遇？2016年4月，微念开始筹备MCN机构[1]。对于MCN机构而言，优质的KOL（关键意见领袖）无疑是当下也是未来巨大流量的入口，更是公司可以持续发展的保证。

正当刘同明乘舟于湖面，漫无目的地游荡，飘飘乎找不准快速

---

[1] 网红达人孵化推广机构，网红经济的一种运作模式。

立足行业、站稳脚跟的抓手时，一抬头，忽逢一片桃花林。只见，芳草鲜美，落英缤纷。

初见桃花林：意外走红与真诚合作

这片桃花林最外层的景色吸引刘同明进入，这片景色正是李子柒2016年在美拍上发布的手酿桃花酒的视频。以现在的标准来判断，这条视频绝对称不上精美：手机拍摄，画面粗糙，转场生硬，内容也相对简单。可就是这样一条视频，当时得到美拍CEO的点赞，还被美食大V转发，一时间火遍整个平台。

渐渐地，李子柒成为一个拥有几十万粉丝的大V。不止微念，还有诸多MCN机构都被眼前的桃花林风景吸引，纷纷向这个四川女孩抛出橄榄枝，可李子柒选择了拒绝。

实际上，李子柒和刘同明的交集在更早之前。在李子柒微博粉丝还不到1万时，曾收到一条来自L先生的私信，L先生表示可以帮她拿到微博资源。这位L先生正是刘同明。

刘同明相信自己的判断，他看好李子柒的未来，也看好李子柒这个IP，更相信自己的真诚与经验积累可以打动李子柒。因此，即使被李子柒拒绝，刘同明还是专程从杭州飞到四川和李子柒当面探讨。在四川绵阳的一家火锅店里，刘同明一针见血地指出李子柒作品中的问题，这种真诚打动了李子柒，而刘同明"让你安心做内容"的真诚承诺更是说动了李子柒。2016年9月，两人正式签订合约，李子柒负责内容，微念负责营销和推广，推广费用双方各承担一半。

李子柒与刘同明一同步入网红经济的桃花源。与其说是李子柒引刘同明步入桃花源，倒不如说是两个相互支持的拍档共同找到了桃花源的最佳入口。

2017年7月，李子柒与微念更换了合作模式，从合约模式转为合资公司模式，双方共同成立四川子柒文化传播有限公司（简称"子柒文化"），其中微念持股51%，李子柒持股49%（图4-1）。微念与李子柒共同筹备"李子柒"品牌，携手运营。

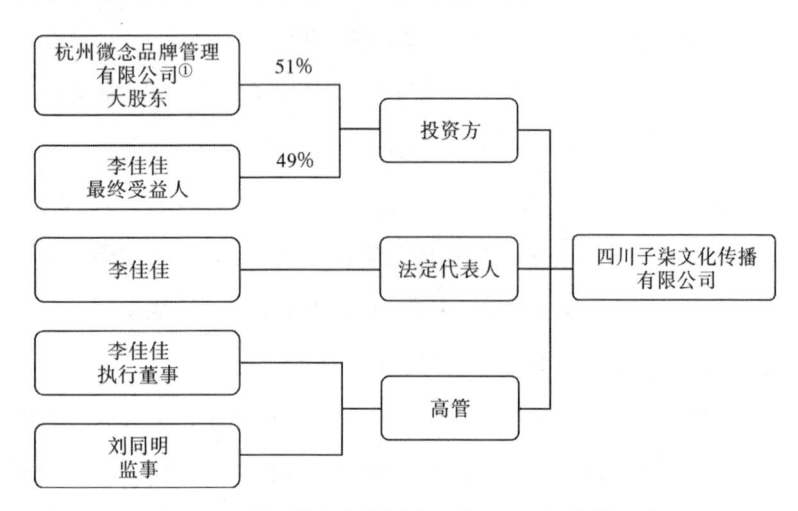

图4-1 四川子柒文化传播有限公司2017年企业图谱

（资料来源：天眼查。）

---

① 2013年2月至2020年7月，微念曾用名为"杭州微念科技有限公司"，2020年7月，其更名为"杭州微念品牌管理有限公司"。

合作模式的转变意味着李子柒与微念的网络红人与经纪公司的关系正式结束。为了与李子柒合作顺利，微念安排了一个500人的团队专门负责除内容创作之外的相关事务，在保证李子柒能稳定输出高质量内容的同时，为打造IP保驾护航。

在刘同明的运作下，李子柒账号的流量凶猛起来。与微念合作后不久，李子柒又相继发布兰州牛肉面、秋千等视频，全网播放量破亿，微博、B站等多平台账号粉丝暴涨。李子柒除了在国内掀起追寻田园美好生活的一阵风潮外，在外网上也同样引发关注。2018年，李子柒在YouTube上的粉丝突破500万。

合作带来的红利不仅惠及李子柒，也为微念带来发展机遇。2018年3月，微念以51%的股份投资成立杭州尔西文化传媒有限公司（简称"尔西文化"），进行KOL商务经纪相关运营工作。除了自身业务的拓展，微念也获得资本市场的支持与青睐。华映资本、华兴新经济基金等数十家投资机构投资微念。2021年7月，字节跳动也投资了微念，持股1.48%（表4-1）。据媒体报道，这轮融资后，微念的估值约为50亿美元。此外，通过股权穿透发现，微念还获得绿地控股、中兴通讯、新华传媒、万科、光线传媒等多家上市公司的支持。

表4-1 微念融资历程

披露日期	交易金额	融资轮次	投资方
2021年7月3日	未披露	C+轮	华映资本 华兴新经济基金 琮碧秋实 字节跳动
2020年10月27日	未披露	C轮	众源资本 华兴新经济基金
2019年8月20日	未披露	B+轮	琮碧秋实 弘帆资本
2018年5月8日	8 000万元人民币	B轮	易泽资本 新浪微博
2017年11月24日	未披露	战略融资	辰海资本
2017年5月25日	数千万元人民币	A轮	华映资本 琢石投资
2016年5月1日	未披露	天使轮	齐一资本

资料来源：企查查。

豁然开朗：IP化、品牌化变现道路

在2021年MCN机构发展大会上，洪泰基金董事总经理、财经作家班妮分析了MCN机构的痛点。班妮解释洪泰基金没有在MCN领域下手的原因：专业人员通过对MCN行业的长期研究，发现很多机构是很脆弱的。简单来说，只要是人，就会有道德风险，一个人说错一句话就会影响这个机构。在MCN行业中，因核心人员的小错误，直接或间接影响到机构整体利润的例子比比皆是，因小失大的风险难以控制，所以MCN机构的投资价值也就下降了很多。资本更希望看到MCN机构是一个完善的组织，而不是靠一个人撑起的机构。

在MCN机构不被资本市场看好的大背景下，微念能够取得这样的融资成绩，既在意料之外，也在情理之中。因为，其核心是微念与李子柒共同认可并确定可以实现的变现模式。

李子柒爆红之后，无数广告商出高价希望与之达成合作，但无一例外，他们都被拒之门外。背后的原因既有李子柒对自身走红原因的深刻理解，也有刘同明对微念发展的规划。

李子柒在一次接受采访时提到，她的视频走红主要有两个方面的原因：美食和传统文化。"首先我做的是食物，就像我说的美食无国界，吃是大家共通的；其次我觉得是传统文化，因为现在大家逐渐对这种传统文化有保护意识，所以他们就爱屋及乌，多喜欢我一点点。"倘若在流量尚且可观的阶段选择直播带货赚快钱，而非关注自身的流量基础，这样的发展一眼就能看到头。所以她才说："那么多的商业出路，我就偏偏选择了最艰难的那条：做品牌。"

这样的观念与刘同明的想法不谋而合，他曾表示："微念要做的是自主品牌，按照李子柒的品牌调性最终切入的都是中国传统文化理念，可能会有中国女性现在喜欢的时尚食品。"微念后来的发展路径也在不断印证着"做品牌"的想法。在做品牌这件事上，微念绝不是说说而已，而是步步走得扎实。

一方面，微念在IP价值塑造上精耕细作；另一方面，微念也在同步建立起文娱跨消费领域MCN的独到运作流程。在创立之初，微念团队便具备前端孵化运营、后端电商、品牌研发、供应链深度管理的能力。"如果只是流量转化电商或是纯接植入广告，商业天花板很低。"在刘同明看来，微念的商业探索主要围绕消费品牌孵化。

2018年8月，"李子柒"品牌成立，"李子柒旗舰店"在天猫上线。2020年7月，微念由"杭州微念科技有限公司"更名为"杭州微念品牌管理有限公司"，名称变化背后所折射的是微念定位的升级。新名称下，微念的定位是"一家成长中的新消费品牌公司"，愿景是"成为一家受尊重的、全球化的东方文化新消费标杆"。在微念的官方公众号中，除了"李子柒"品牌，从未出现过其他自有品牌。这再次印证了"李子柒"品牌对微念的重要性。

IP化、品牌化，是李子柒变现的独特路径，也是李子柒与微念及其投资方的共同愿望。

腾讯《深网》报道，2017年，当李子柒粉丝量仅20余万时，刘同明曾对投资人表示，会好好珍惜"李子柒"这个品牌，不让其被商业化消耗。刘同明会特意降低李子柒本人的传播热度，他曾提醒媒体，不要打扰李子柒及其家人的生活。

同时，品牌化更是投资方希望看到的。微念投资方之一——华映资本的创始管理合伙人季薇透露，在投资时，他们就坚信，李子柒会从KOL演变成一种文化符号，最后变成一个具有生命力的品牌。

基于品牌的变现模式的潜力是巨大的。"蓝鲨有货"创始人卢旭成的一句话可以很好地证明李子柒及微念选择道路的正确性："直播带货和做品牌最直观的区别是，前者赚的是差价，后者赚的是品牌带来的无限量的附加值。"这种独特的变现模式所带来的变现效果也是超凡的。

总体来看，李子柒和微念的主要收入来源有两个：一是李子柒天猫旗舰店的销售收入。海豚智库发布的《2021最具成长性的中国新消费新国货品牌》（图4-2）显示，2020年，"李子柒"品牌的销售规模达16亿元，同比增长300%，销售规模之大、增长速度之快令业界瞩目。二是在短视频平台上的广告收入。海外网红营销服务平台NoxInfluencer的数据显示，截至2021年5月，李子柒单月在YouTube上的广告收入为194.55万~390.7万元。对此，微念官方回复，"因为海外收入要给平台费，而且我们之前各种维权，也有成本，李子柒的海外收入并没有那么高"。但不可否认，海外平台的分成仍是微念公司的重要收入来源之一。

2021最具成长性的中国新消费新国货品牌 TOP 100 排行榜

Beta 8.0 非最终版（2021.2.23）

序号	公司	2020年销售规模（亿元）	同比增长	赛道	成立时间
1	小米	2506.92	21.79%	手机	2010.03
2	SHEIN	500	150.00%	服装饰品	2012
3	一加科技	450	15.00%	手机	2013.12
4	蔚来	160.37	104.95%	智能汽车	2014
5	三只松鼠	103	1.25%	食品	2012.02
6	理想	89.6	1767.09%	智能汽车	2015
7	Anker	88	31.34%	智能家居	2011
8	Segwry-Ninebot九号机器人	58.21	26.93%	智能平衡车	2012
9	小鹏	55.5	139.21%	智能汽车	2014
10	喜茶	49.5	40.00%	饮料酒水	2012.05
11	石头科技	45.3	7.73%	智能家居	2014.07
12	锅圈食汇	45	275.00%	食品	2019.07
13	babycare	43	80.00%	母婴	2016.06
14	完美日记	43	41.87%	美妆个护	2015.07
15	奈雪的茶	30	22.40%	饮料酒水	2014.05
16	古茗	30		饮料酒水	2018.06
17	植护	30	50.00%	母婴	2018.05
18	WIS	30	15.38%	美妆个护	2013.03
19	极米	28	33.00%	智能硬件	2013
20	花西子	27.54	143.72%	美妆个护	2016.07
21	元気森林	27	309.00%	饮料酒水	2016.04
22	江小白	25	-16.67%	饮料酒水	2015.03
23	小罐茶	25	71.23%	饮料酒水	2014.12
24	薇诺娜	23	18.37%	美妆个护	2014.12
25	德国尔玛电器	23	50.00%	智能家居	2011.07
26	RELX悦刻	22	43%	电子烟	2018.01
27	威马	21	17.98%	智能汽车	2015
28	必要	20	20.00%	智能家居	2015
29	戴尔佳	20		美妆个护	
30	追觅科技	20	300.00%	智能家居	2017.12
31	猿人创新	20	100.00%	智能硬件	2016
32	大希地	18	73.00%	食品	2012.08
33	半亩花田	18	20.00%	美妆个护	2010
34	李子柒	16	300.00%	食品	2017
35	柏西之谜	15	300.00%	美妆个护	2011
36	简爱酸奶	15	25.00%	饮料酒水	2014.11
37	香蜜闺秀	15	25.00%	服装饰品	2014.03
38	豪士	15	50.00%	智能家居	2015.06
39	白家	15	150.00%	食品	2016.12
40	麦富迪	15		宠物	2016.01

图4-2 2021最具成长性的中国新消费新国货品牌

今是何世：从桃花源走向泥潭

李子柒的最近一期视频是2021年7月的"柴米油盐酱醋茶"系列的完结篇：盐。这一期视频获得极好的反响，在微博和B站两大平台的播放量均高于往期视频的平均水平。

正当粉丝们期待新的视频发布时，2021年8月30日，李子柒在绿洲（社交平台）上的一条动态，让大众的关注焦点发生了转移。当天凌晨，李子柒发文称"半夜被恶心到了"，并在回复中表示"已经让律师做了保存，太可怕了！资本真的是好手段"。随后，她将动态删除。清晨，她再次发布动态："大清早报个警"，配图为她在警局的背影。这条动态至今仍保留在李子柒的绿洲账号上，某种程度上可视为李子柒与微念决裂的信号。

2021年9月，李子柒接受新华社的采访。采访中，记者问她断更的原因。她只是表示：官司占用了她很多精力和时间，她不想随便拍摄一个视频来应付，干脆停了下来。对于她与微念之间的矛盾，李子柒并没有做详细解释。

之后，便是反反复复、无穷无尽、没完没了的起诉、开庭……昔日共同寻觅桃花源的伙伴，如今兵戈相向，一步步向对方的底线逼近，最终双方都退无可退，只得跳下泥潭。

子柒文化分别于2021年10月、11月起诉微念及刘同明。11月，微念所持子柒文化的股份被司法冻结。其间，微念曾公开发布说明称从未控制过任何李子柒的相关平台账号，还表示公司愿意就双方股权等权益事项展开沟通，但未有实质性进展。对此，李子柒的助理回应，微念是在"带股权纠纷的舆论节奏""颠倒黑白"，表示与微念之间的法律纠纷并不是股权纠纷，而是微念有违约行为。2022年1月27日、3月10日，微念以"股东知情权纠纷"为由分别在绵阳市涪城区人民法院和绵阳市中级人民法院起诉子柒文化（表4-2）。李子柒与微念的官司还在持续，但矛盾根源究竟在哪儿、权属等问题如何处理，外界一直难以等到一个明确的答案。

表4-2 微念与子柒文化、尔西文化之间的司法案件

案件名称	案件身份	案由	最新审理程序	最新进程日期
杨子愉与杭州尔西文化传媒有限公司公司决议效力确认纠纷案	—	公司决议效力确认纠纷	民事二审	2022年11月2日
杭州微念品牌管理有限公司与杨子愉、杭州尔西文化传媒有限公司不正当竞争纠纷案	一审原告	不正当竞争纠纷	首次执行	2022年9月30日
杭州尔西文化传媒有限公司与杭州微念品牌管理有限公司不正当竞争纠纷案	二审被上诉人	不正当竞争纠纷	民事二审	2022年8月2日

续表

案件名称	案件身份	案由	最新审理程序	最新进程日期
杭州微念品牌管理有限公司与杨子愉、杭州尔西文化传媒有限公司合同纠纷案	一审原告	合同纠纷	民事一审	2022年7月14日
杭州微念品牌管理有限公司与四川子柒文化传播有限公司其他民事案	一审原告	其他民事	民事一审	2022年3月10日
杭州微念品牌管理有限公司与四川子柒文化传播有限公司其他民事案	一审原告	其他民事	民事一审	2022年1月27日
四川子柒文化传播有限公司与刘同明、杭州微念品牌管理有限公司其他民事案	一审被告	其他民事	民事一审	2021年11月15日
四川子柒文化传播有限公司与刘同明、杭州微念品牌管理有限公司其他民事案	一审被告	其他民事	民事一审	2021年10月25日

资料来源：企查查。

不可否认的是，这场近两年的拉锯战给双方带来的打击都是直接且巨大的。官司的泥潭不仅束缚了双方的手脚，使其主营业务难以正常有序地开展，也将网络上的恶意揣度与肆意发言裹挟而来。

在李子柒停更的一年多里，各大社交媒体平台都出现过套用李子柒ID和头像、伪装成李子柒来吸粉的自媒体账号，这些账号甚至以李子柒自居，博取关注。2022年4月，李子柒在其社交账号上发表了一条声明，表示网上出现大量李子柒仿冒账号，她将采取行动维护合法权益。而微念则忙着处理网友对子公司尔西文化的诋毁等。

互联网是有记忆的，恶意揣度的烙印给桃花源蒙上的阴影、给李子柒抹上的黑印究竟何时得以消散，我们不得而知。仿冒账号的误导为广大粉丝带来的伤害、为李子柒带来的损失究竟何人能够弥补，我们也不得而知。

互联网是有记忆的，但互联网的记忆是有限的。就短视频创作来说，长时间的停更，李子柒是否会渐渐被遗忘，这是摆在双方面前更为重要的一个问题。停更一年多的时间里，李子柒国内全网掉粉300余万。不过海外YouTube平台上粉丝的忠诚度似乎更高，李子柒账号的粉丝数量不降反升，2021年李子柒YouTube平台上的粉丝有1 500多万，截至2022年11月22日，李子柒YouTube粉丝订阅数为1 720万，净增200多万。国内粉丝和海外粉丝的数据相加，李子柒的粉丝数量仍然过亿。从粉丝数量上来看，李子柒账号停止更新内容，对李子柒的影响几乎可以忽略不计，但李子柒失去"李子柒"身份表达的这一年，很难彻底测算出究竟错过了怎样的"黄金"一年。

最直接的体现是账号的商业价值，以YouTube为例：截至2022年11月，李子柒单月在YouTube上的广告收入为70.84万~86.22万元，相较于2021年5月的194.55万~390.7万元，账号价值大幅缩水。这背后

第四章 微念：昔日桃源子柒，今已人面桃花

不仅仅是粉丝黏性的下降与曝光度的骤减，也是李子柒停更的一年中农家田园视频创作的蛋糕不断被瓜分："越南李子柒""北欧李子柒""云南李子柒""海南李子柒"……一时间，李子柒"分柒"层出不穷。归来之后，李子柒的农家田园视频内容的差异化在何处？粉丝是否仍对这样的内容感兴趣？连续抛出的问题似乎只能交给时间来回答。

如果说在这场风暴中李子柒遭受的伤害是渐进而延迟的，那么微念经受的打击无疑是直接且即时的。

首先是舆论的压倒性偏向。从争端开始，舆论的发酵就未曾停止过。但无论如何发酵，外界讨论的矛头大多对准了微念，李子柒获得绝大多数的支持。企查查显示，微念的舆情情感62.16%均为负面（图4-3），甚至被冠上"利欲熏心""吃肉不吐骨头"的标签，李子柒则是一位遭遇"资本"压榨的弱势内容创作者，大家都希望听到一个"弱女子"赤手对抗并最终战胜MCN机构及资本力量的故事。

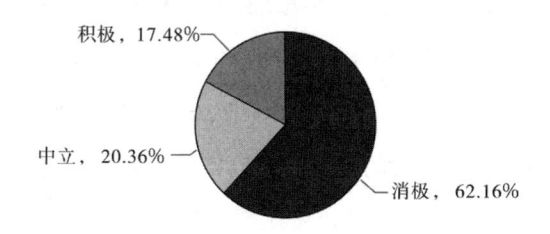

图4-3 微念的舆情情感类型占比

公司负面消息爆出带来的更为直接且致命的影响是投资者的撤资。2021年7月，字节跳动投资微念，但就在当年10月27日，字节跳动相关负责人确认，由于李子柒和签约公司微念存在纠纷，微念的股东字节跳动已于10月16日启动退出流程。对于微念来说，这一变动还是过于突然，它可能还幻想着有回旋商讨的余地，但字节跳动快刀斩乱麻，将该决议拍板敲定。据相关人士称，字节跳动当初投资微念，主要是因为看好李子柒。如今，李子柒和微念陷入分歧，字节跳动决定根据投资协议退出微念。对于字节跳动而言，投资微念，是"李子柒"IP影响下0或1的问题，中间没有小数点后几位来回摇摆的空间。

便扶向路：矛盾深埋于公司架构

从桃花源中抽身离开，从旁观者的视角冷静分析这场大起大落的经历，如欲抽丝剥茧厘清其中逻辑，有三类企业绕不开：杭州微念品牌管理有限公司（2020年7月前为杭州微念科技有限公司）、四川子柒文化传播有限公司、螺蛳粉生产厂家（含广西中柳食品科技有限公司、广西佳序食品贸易有限公司、广西兴柳食品有限公司）。梳理上述企业之间千丝万缕的关系，会发现：李子柒与微念的合作会走向泥潭，原来一切都有迹可循。

首先是杭州微念品牌管理有限公司。自李子柒走红以来，微念越发受到资本市场的关注与青睐。据传，截至2021年，微念总市值高达50亿元。从公司的股权架构来看，公司股东包括微念创始人刘同明，投资者华映资本、新浪微博等；李子柒本人在微念却没有股份。从公司的核心资产来看，微念享有"李子柒"品牌旗下产品的经营权，即实际控制着李子柒天猫旗舰店。同时，微念也拥有小部分"李子柒"品牌相关的知识产权。但通过天眼查查询发现，其旗下和李子柒相关的商标基本处于两种状态——要么是商标无效，要么是等待实质审查。

其次是四川子柒文化传播有限公司。该公司成立于2017年，由李子柒和微念共同持股，李子柒为法定代表人。然而，从公司的股权架构来看，李子柒本人仅持股49%；微念持股51%，是公司的实际控制方。从公司的核心资产来看，子柒文化掌握着250多个"李子柒"相关商标，包括柒、子柒、LIZIQI、李子柒、柒家好物、东方美食生活家等，这些商标国际分类分散，并且多数已成功注册。

最后是"李子柒"品牌下的爆品——螺蛳粉的生产厂家，包括代工厂广西中柳食品科技有限公司（简称"中柳"）、微念参股的广西佳序食品贸易有限公司（简称"佳序"）和广西兴柳食品有限公司（简称"兴柳"）。中柳的创始人是罗金波。在2016年4月创办中柳之前，罗金波就职于另外一个螺蛳粉品牌"螺霸王"，而且是螺霸王的联合创始人。最开始布局供应链，微念选择生产实力较强的中柳进行代工，通过签订合约与其达成合作。在品牌销量上升后，微念开始加强对供应链的渗透，以保证产品的质量。2020年7月底，兴柳成立，由微念全资持股；2021年3月，杭州创柳食品有限公司入股兴柳，持股30%，微念持股70%；2021年4月，微念又入股佳序，持股15%。就这样，公司供应链从委托加工模式演变为自产模式，进一步提升了盈利能力和产业控制力。

对这场拉锯战主要涉及的三类企业有了整体了解后，再细拆三方的收入来源与权益，不难看出，在现有的公司治理架构中（图4-4），李子柒在与微念的博弈中处于弱势。李子柒被微念设计的合同牢牢捆住，加之在创业初期与MCN机构在合作中缺乏谈判、博弈的经验，公开与微念决裂或是李子柒无奈但唯一可用的反击方式，哪怕最终落得两败俱伤。

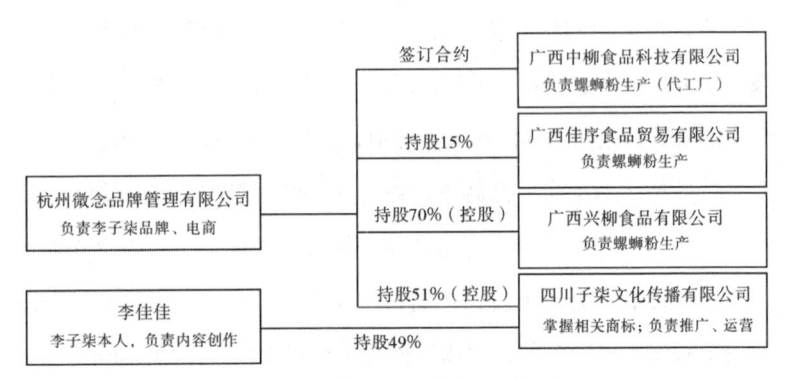

图4-4 李子柒及其品牌相关股权分布

（资料来源：企查查。）

遂迷，不复得路：深陷利益分配困局

天下熙熙，皆为利来；天下攘攘，皆为利往。

从李子柒的账号突然停更到她接受央视专访，再到李子柒与微念对簿公堂，回溯这一事态发展过程可以发现，李子柒与微念之间的争端明显指向一个焦点：双方利益分配不均。若将这场纠纷中涉及的三类公司作为天平的支点，微念毫无疑问地稳坐在底部，只留李子柒一人飘摇在天平另一端的半空。

先来看子柒文化利益分配的天平。

2016年，微念以自己的名义申请注册全类别"李子柒"商标。2017年，子柒文化的成立，一定程度上是2016年李子柒走红后，双方利益的再次分配，为了摆脱过去网络红人与经纪公司的分成模式，让子柒文化支撑李子柒，在与微念的谈判中获得更多话语权。这一磋商也取得实质性进展：2021年3月，经双方多次谈判，微念将123件"李子柒"商标转让给子柒文化。同时，双方在合同中约定：子柒文化负责"李子柒"IP的推广运营，子柒文化拥有"李子柒"商标。

虽然合同写得明明白白，但内容经不起推敲。

李子柒拥有"李子柒"IP的控制权吗？实则不然。

微念凭借对子柒文化51%的股权，对"李子柒"商标拥有一半以上的决定权。甚至可以说，微念能够决定李子柒在子柒文化的去留。听来有些可笑,但事实的确如此。微念打着保护李子柒权益的旗号成立了子柒文化,法定代表人为李子柒,实际上却由微念控制着。

"李子柒"IP只包含商标吗?实则不然。

"李子柒"品牌衍生出的"李子柒品牌logo""书法体子柒""其他形象"等189项美术作品的著作权也都掌握在微念手中,而子柒文化名下,仅有3件音乐作品著作权。李子柒拥有上亿粉丝的社交账号(如B站、抖音、西瓜视频,国外的YouTube账号等),是李子柒与微念签约后以公司名义注册的,和李子柒并无直接关联,在法律上微念完全有权拒绝李子柒登录相关账户。李子柒本人只有微博、美拍两个宣传平台。

合同写得明明白白,实际上却频频越界。

合同在实施的过程中不断走样。微念如同温水煮青蛙,凭借自身的经验和实力,不知不觉夺走了"李子柒"IP的核心控制权。

这一点也体现在公司参保人数上。天眼查显示,子柒文化的参保人数为8人,而微念的参保人数为588人。"李子柒"作为一个如此大体量的IP,其运作、变现怎能由区区8人完成?由此可以推知,维持"李子柒"IP运转的工作人员在劳动关系上基本归属微念,李子柒本人握有股权的子柒文化更像一个空壳子,并没有实际掌握"李子柒"IP的核心控制权。

"李子柒"品牌的电商渠道的注册经营权也在微念手中,也就是说，IP最重要的变现渠道实际上被微念控制着，然而李子柒本人却并非微念的股东，更谈不上她的观点能够左右大股东的决策。因而，李子柒实际上对"李子柒"网店完全没有控制权。

这一点最直接的影响是李子柒本人在"李子柒"品牌旗下的网店的收益非常有限。2020年，"李子柒"品牌的销售额达16亿元。然而，由于李子柒既不是旗舰店的企业主体，也不是螺蛳粉工厂的股东，她只能通过商标的授权与合同中约定的分成比例获取一定的收益。据业内人士透露："李子柒近一两年内从微念获得的分成仅为数千万元。"

螺蛳粉工厂带来的螺蛳粉生产收益和"李子柒"商标使用的收益，这架天平两端的分量同样相差悬殊。

"李子柒"品牌在2020年的年度销售额约为16亿元，其中，螺蛳粉卖了5亿元，一年超过100万单。仅2020年"双十一"期间，"李子柒"品牌螺蛳粉的销量就高达670万袋。可以说，螺蛳粉是"李子柒"品牌当之无愧的爆品。螺蛳粉生产这块巨大的蛋糕所带来的收益，也被微念紧紧地攥在手中。

具体而言，"李子柒"品牌螺蛳粉的生产虽然涉及中柳、佳序、兴柳三家公司，但实际生产最重要的主体是兴柳。该公司的股权结构为微念持股70%、杭州创柳食品有限公司持股30%，可以说，兴柳是微念的"自家公司"（图4-5）。李子柒本人及其享有股权的子柒文化在该公司没有股份。因此，作为"李子柒"品牌的核心产品——螺蛳粉，其生产带来的收益与李子柒之间似乎隔着一块玻璃板：可以真切地看到，却不能真实地触碰到。

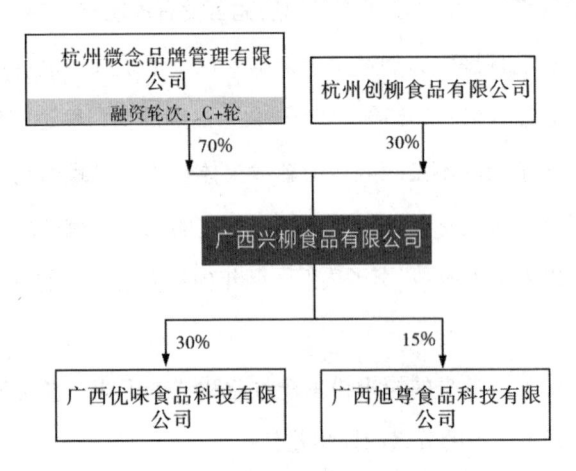

```
┌─────────────────────┐          ┌─────────────────────┐
│ 杭州微念品牌管理有限  │          │ 杭州创柳食品有限公司 │
│        公司          │          │                     │
│   融资轮次：C+轮     │          │                     │
└─────────────────────┘          └─────────────────────┘
           │ 70%                              │ 30%
           └──────────────┬───────────────────┘
                          ▼
              ┌─────────────────────┐
              │ 广西兴柳食品有限公司 │
              └─────────────────────┘
                 │ 30%           │ 15%
                 ▼               ▼
       ┌──────────────┐   ┌──────────────┐
       │广西优味食品科技│   │广西旭尊食品科技│
       │   有限公司    │   │   有限公司    │
       └──────────────┘   └──────────────┘
```

图4-5 广西兴柳食品有限公司股权穿透

（资料来源：企查查。）

李子柒能否通过将"李子柒"商标授权给兴柳使用从而获得收益呢？可以。但是实际情况并不乐观。微念享有子柒文化51%的股份，这意味着"李子柒"商标授权许可使用及费用，决定权也在微念。进一步来讲，微念完全可以将"李子柒"商标免费授权给自家公司兴柳使用。倘若这样，李子柒就无法获得任何商标授权许可费的收益。

微念的资本盛宴，李子柒甚至未能获得入场券。

微念基于"李子柒"品牌组建了强大的企业关系，凭借"李子柒"这一核心IP，相继引入华映资本、新浪微博、华兴新经济基金、字节跳动等的投资。据公开报道，微念的公司估值在2022年8月超过百亿元人民币。然而，李子柒的名字没有出现在微念的22名股东中。因为李子柒不持有微念的任何股份，所以在这场资本盛宴中，她只是一个局外人，无法从中分到一杯羹。

　　同时，所有的融资全部归属于微念，李子柒和微念在2017年共同成立的子柒文化没有任何融资消息。

　　李子柒亲手打造的品牌，最终为微念所用，微念凭借"李子柒"品牌，经多轮融资，扶摇直上。面对如此大的蛋糕，受益主体却仅有微念，李子柒受益几乎为零。在强烈的反差下，李子柒决定反击，也只能反击。

　　这次，李子柒赢了。

　　2022年12月27日，李子柒与微念在绵阳市中级人民法院的调解下达成和解。刘同明退出子柒文化，微念持股比例从51%降至1%，李子柒个人持股达到99%。李子柒创作的影片版权、"李子柒"的商标版权，也归属子柒文化。漫漫500多天的停更后，李子柒终于迎来全胜！

皆叹惋：微念于泥潭中的自救

　　从网络舆论直指微念"利欲熏心""吃肉不吐骨头"，到字节跳动撤资，曾经估值高达50亿元的微念，陷入被网民唾弃、被资本抛弃的尴尬境地。这一切或许只是冰山一角，微念面临的连锁危机已然来临。困境之下，微念没有放任自身缓慢沉溺，直至陷落窒息，而是积极反思、积极自救。

2021年7月，微念在相关融资信息中公布了旗下子公司尔西文化签约的艺人，包括香喷喷的小烤鸡、壶提提、夏一味、卧蚕阿姨、子望等几十位网红。但这些网红的粉丝量级大多在百万左右，即使把他们所有的粉丝数量合并在一起，都比不上李子柒在抖音的粉丝数量。如果讨论商业价值，就更难与李子柒抗衡了。正如谦寻没有第二个薇娅、美ONE没有下一个李佳琦一样，微念也再难找到下一个李子柒。

微念作为一家渴望上市的公司，支撑公司上亿收入的仅仅是一个人。人是易变的，人设是脆弱的。这样的局面本就使得公司面临着巨大风险，然而李子柒作为公司的核心资产，微念却没有让李子柒获得更多的股权和公司管理权，将其与公司深度绑定，以至于在冲突和矛盾爆发之后，微念几乎只落得一地鸡毛。

眼下，全面"去李子柒化"或是微念自救首先能够抓住的稻草。

微念最先向螺蛳粉布局：推出螺蛳粉品牌"臭宝"，各方面直接对标"李子柒"螺蛳粉，期望通过旗下螺蛳粉产品，解除与"李子柒"这个IP的深度绑定。

"臭宝"的布局高效而迅速。2021年8月，微念申请注册多个

"臭宝"商标，并于2022年初正式上线"臭宝"螺蛳粉。目前，"臭宝"品牌的线上渠道以天猫为主，在常规的电商渠道，如京东、抖音等都开设了官方旗舰店。在线下渠道，无论是大型超市还是社区购物，"臭宝"螺蛳粉都有覆盖，各大片区都有团队负责。

然而，从目前来看，对比"李子柒"螺蛳粉，"臭宝"螺蛳粉尚不能望其项背。负责螺蛳粉生产的兴柳的员工透露："'李子柒'品牌螺蛳粉的产量要比'臭宝'品牌螺蛳粉大不少，因为'李子柒'品牌上市时间早，知名度更高。"未来"臭宝"品牌螺蛳粉的发展将会如何，螺蛳粉"去李子柒化"能否成功，还需要时间的进一步检验。

相较于在产品上微念主动"去李子柒化"进行自救，培养网红KOL矩阵，实际上是微念对艺人的"李子柒化"碰壁后的无奈之举。

从2022年开始，微念试图让旗下艺人往李子柒的方向发展。曾经的"港风美人"壶提提就尝试走过国风路线，但当网友扒出她是微念旗下艺人时，反而招致粉丝的反感，认为她"照葫芦画瓢四不像"。公众对壶提提的不买账和对李子柒的非她不可，不仅仅因为李子柒是最早出现的那个，也因为她有着做事的真诚，乃至她十分完整的人生和故事。粉丝们最终因为她的内容喜欢上了她这个人，而并没有停留在消费内容的表象上。这一点，是微念将艺人"李子柒化"碰壁后深刻体悟到的。

微念的自救措施并未止步于此。微念还推出了新消费品牌"山外山",主要销售月饼、粽子等中式消费品。从2020年开始,微念入局上游供应链,相继投资了兴柳和佳序,逐渐从MCN机构跨界到新消费领域。微念不仅从业务种类上发力,也积极拓展自身海外业务。2021年末,微念成立出海事业部以推动旗下产品出海,并相继招聘文化产业研究员、内容策划、品牌营销等岗位人员。

雾蒙蒙的水面上,隐隐看到的熹微不见了,刘同明不知道微念与李子柒、与这片桃花源是否还会再续前缘,也不知道微念的挣扎自救是否会奏效、能否再寻得一片新天地,只得驾一叶扁舟,任其漂流,如同第一次经过这片水面一般。

奈何过往桃花源的美好深深刻在刘同明的心底,无论如何也挥之不去。茫茫水面之上,只闻渔夫一句叹惋:"昔日桃源子柒,微念岂止'微'念!"

思考题

1. 微念与李子柒共同成立四川子柒文化传播有限公司的股权安排存在什么问题?

2. 从双方的长远发展来讲,比较合理的股权设计应该是怎样的?

3. 当双方发生矛盾时,你认为股权设计如何优化才能避免"多输"?你从中还学到了什么?

微念大事记

·2013年2月，杭州微念科技有限公司成立。

·2016年4月，微念开始筹备MCN。

·2016年5月，微念获天使轮融资，投资方为齐一资本。

·2016年9月，微念与李子柒达成合作。

·2017年5月，微念获得数千万元A轮融资，华映资本领投，琢石投资跟投。

·2017年7月，微念与李子柒共同成立四川子柒文化传播有限公司，双方关系由合约转为合资公司。

·2017年11月，微念获得辰海资本战略融资。

·2018年3月，微念以51%的股份投资成立杭州尔西文化传媒有限公司，进行KOL商务经纪的相关运营工作。

·2018年5月，微念获得8 000万元B轮融资，投资方为易泽资本、新浪微博。

·2018年8月，微念成立"李子柒"品牌，"李子柒旗舰店"在天猫上线。

·2019年8月，微念获得"B+轮"融资，投资方为琮碧秋实、弘帆资本。

·2020年7月，"杭州微念科技有限公司"更名为"杭州微念品牌管理有限公司"。

·2020年10月，微念获得C轮融资，投资方为众源资本、华兴新经济基金。

·2021年7月，微念获得"C+轮"融资，投资方为华映资本、华兴新经济基金、琮碧秋实、字节跳动。

·2021年10月，刘同明与杭州微念品牌管理有限公司被四川子柒文化传播有限公司起诉。微念的股东字节跳动启动退出微念投资流程。

·2022年3月，微念起诉四川子柒文化传播有限公司。

·2022年7月，微念再次起诉四川子柒文化传播有限公司。

·2022年8月，微念起诉杨子愉与杭州尔西文化传媒有限公司。

·2022年12月，微念与李子柒达成和解。

第五章

ofo小黄车：成也一票否决，败也一票否决

刘新鹏

第1招：步步为营
第2招：借用良言
第3招：抽丝剥茧
第4招：有的放矢

扫码出招

看公司治理
如何反败为胜

这是一个擅长创造商业神话的时代，宏大的资本就是造神的工具。神话的建立只需要一个概念，而瓦解也只在一夜之间。ofo小黄车（简称"ofo"）就像是喧嚣时代里一叶摇摆的扁舟，无数的野心和欲望拍打其上，航线早已不受控制。对于ofo而言，成也资本，败也资本。它被狂热的资本推上浪尖，也因为这份狂热而被卷入海底。

在共享单车这一全新的蓝海中，ofo凭借较早进入市场的优势拿到多轮融资，并迅速扩张，在这一领域成功脱颖而出。共享单车行业的走红、ofo的成功让戴威站在时代的聚光灯下。在"2017年胡润百富榜"[①]上，戴威以35亿元的身价成为首位上榜的"90后"企业家。在苹果CEO库克到ofo参观时，戴威放出豪言壮语："终有一天，我们今天的ofo会和Google一样，影响世界。"

繁华落尽，终是一场空。

没有人知道历史的车轮将要滚向何方，雪花快乐堆叠的时候也意识不到什么时候会雪崩。共享单车行业发展得如火如荼之时，没有人想到变数会降临得如此之快。仅仅一年的时间，整个行业态势

---

① 胡润百富榜是追踪记录中国企业家群体财富变化的榜单，由英国注册会计师胡润先生于1999年创立。它是中国推出的第一份财富排行榜，也是国内财经榜单里影响最大的。

渐颓，无数小企业破产，ofo也不能幸免。资本抽手、融资困难、资金链断裂、供应商起诉、押金难退，ofo深陷一轮又一轮的困境。人们逐渐意识到，曾经黄金般闪耀的ofo要黄了。

距离2014年成立仅过去三年，站在时代前沿的这家创新型公司就变得官司缠身，遭人唾骂。偌大的基业仿佛在一夜之间冰消瓦解，物是人非。

伏尔泰说："没有所谓命运这个东西，一切无非是考验、惩罚或补偿。"

在我们眼前消失的小黄车，它的失败又是在为什么而补偿呢？

是一票否决权，还是资本放开手脚的一盘棋？

对于ofo败局的成因，最出名的莫过于马化腾在朋友圈中回复他人的一句话，"是一个veto right（否决权）"的问题。

什么是一票否决权？在投票选举或表决中，只要有一张反对票投出，该候选人或者被表决的内容就会被否定，这种一票否决机制被称一票否决权。我们熟知的联合国安理会的五个常任理事国便具有此种权利。

纵观ofo的发展史，它曾面临三次命运转折点，但都败在一票否决权上。三次一票否决权的使用如同恶魔的手，每当ofo试图抓住起死回生的稻草时，恶魔的手就将其拨开。

回首望去，ofo近七年的大起大落堪称一场大戏。它平地起高楼，大宴宾客；它金陵玉树，羡煞旁人；它楼塌了，一切如同黄粱一梦。

意气风发，高楼将起

和人们想象中艰苦创业的年轻人不同，戴威出身显赫，家境优渥。父亲戴和根先后担任中国铁路物资（集团）总公司党委书记、总经理，新兴际华集团有限公司党委书记、副董事长，中国化学工程集团有限公司党委书记、董事长等职。作为一个仿佛出生在罗马的年轻人，戴威并没有成为一个纨绔子弟，2009年，他成功考入北京大学光华管理学院。

大三时，戴威成功当选北京大学学生会主席，彰显了他卓越的管理能力。真格基金创始合伙人徐小平经常召集北京大学的学生们一起聊天，戴威在北京大学读研究生时就与他交流过创业想法。之后ofo融资的时候，真格基金投入数百万元，其中一个原因就是徐小平看重戴威作为学生会主席的能力。

戴威在北京大学加入的第一个社团是北京大学自行车协会。热爱骑行的戴威，在支教一年回北京大学读研究生期间，涌现出创办ofo的灵感。2015年，戴威联合几名同学提出共享单车的计划，发布帖子向全校发出"共享单车宣言"。他们号召2 000名北大学生捐出自己的自行车加入该共享模式，捐车的人可以免费使用这些自行车，没有捐车的人也可以付费使用。

在宣言中，戴威气宇轩昂地说道："100多年来，有很多北大人改变了北大,也改变了世界,这次轮到你了!"

该模式一经推出,就在校园内引起很大的反响,上线第一天就收获200多个订单,两个月后日订单量突破4 000个。一鼓作气,再而衰,三而竭。戴威团队判断这种模式有很大的上升空间,信心满满地开始把这种模式向北京其他高校推广,并创立了国内首家以平台共享方式运营校园自行车业务的新型互联网科技公司——ofo。

2014年,世界经济复苏艰难,国内经济下行压力加大,我国正处于从高速发展向高质量发展转型的改革期。《2014年国务院政府工作报告》中提到:"在优化结构中稳增长,在创新驱动中促转型,推动提质增效升级,为长远发展铺路搭桥。"在这个节点提出的共享单车"绿色出行"理念,成为政府和民众重点关注的对象。同时,"大众创业,万众创新"(简称"双创")的浪潮在全国范围内掀起,再加上中央与地方政策联动助力双创,也有力地推动了ofo的起步。

在这片蓝海中,共享单车企业如雨后春笋般涌现,五颜六色的单车仿佛一夜之间涌入大街小巷。

短短一年之内,共享单车行业扩张了近10倍。中国信息通信研究院2018年发布的《中国共享单车行业发展报告》提到,共享单车领域在供给端,2016年累计投放单车约200万辆,覆盖城市33个,2017年大幅增长至2 300万辆、200个城市;在需求端,2016年全行业累计注册用户1 886.4万人,累计骑行25亿公里,2017年增至2.21亿用户和299.47亿公里。2017年，我国的单车租赁市场规模达到5 400万元，用户数达到425.16万人。

鲜花着锦，烈火烹油

共享单车的走红，早已引起眼光敏锐的投资人的注意。2016年1月，遍布北京大学校园里的小黄车引起金沙江创投董事总经理朱啸虎的兴趣，他与戴威见面，认定这是一个"一定要投资的项目"，最终他拿出1 500万元投资ofo。于是，ofo跌宕起伏的扩张史拉开了序幕（表5-1）。

戴威最初的想法只是在校园内实施共享单车计划。2016年，ofo逐渐向全国20多个城市的200多所高校推广。2016年5月，ofo原本打算等到C轮时再引入腾讯，最终腾讯转投了摩拜。面对竞争对手的迅猛攻势，ofo也选择打开校门走向各大城市。

一波又一波投资争先恐后地涌进ofo。2016年，ofo取得三轮融资，总计数亿美元。创业仅三年，戴威就拿到5轮融资，到创业第五年，ofo已完成超过50亿美元融资。

有了雄厚的资本"大树"作为靠山，戴威花钱可谓豪气十足。2016年12月，ofo搬入每月租金200万元的理想国际大厦，把格调拉满。2017年1月，ofo启动"2017城市战略"，先后向合肥、武汉、南京、长沙等城市进军，进而覆盖全国200多所高校以及46座城市，像

第五章 ofo小黄车：成也一票否决，败也一票否决

一阵黄色风暴一样席卷全国。

表5-1　2015—2018年ofo的融资历程

融资轮次	时间	融资金额	投资方
天使轮	2015年3月17日	数百万元人民币	唯猎资本
Pre-A轮	2015年12月22日	900万元人民币	东方弘道、唯猎资本
A轮	2016年2月1日	1 500万元人民币	金沙江创投、东方弘道
A+轮	2016年8月2日	1 000万元人民币	真格基金、天使投资人王刚
B轮	2016年9月2日	数千万美元	经纬中国、金沙江创投、唯猎资本
B+轮	2016年9月26日	数千万美元	滴滴出行
C轮	2016年10月10日	1.3亿美元	滴滴出行、Coatue Management、小米等
D轮	2017年3月1日	4.5亿美元	DST、滴滴出行、经纬中国等
D+轮	2017年4月22日	近亿美元	蚂蚁金服
E1轮	2017年7月1日	超过7亿美元	阿里巴巴、弘毅投资、中信产业基金领投；滴滴出行、DST跟投
E2-1	2018年3月13日	8.66亿美元	阿里巴巴领投；蚂蚁金服、灏峰集团等跟投

从2017年3月开始，ofo每个月要花费近3亿美元用于采购350万辆单车进行投放。同年4月，ofo花费人民币1 000万元请流量明星做ofo的骑行大使。

在此之后，ofo又买下北京、上海、广州三大城市绝大部分地铁站和公交站的广告位做宣传，每年的推广费用高达数亿元。当年，小黄车的广告几乎席卷了北上广的地铁站和公交站牌，到处都能看见小黄车的身影。

古希腊悲剧作家欧底庇德斯曾言:"神欲使之灭亡,必先使之疯狂。"

随着滴滴、腾讯两大巨头的加入,行业逐渐洗牌重组,确立了摩拜、ofo两大企业双寡头的竞争格局。

由速途研究院发布的《2017年第一季度国内共享单车市场调研报告》显示,2017年,中国共享单车市场呈现头部企业集中的格局,ofo与摩拜遥遥领先,投放量和市场份额远超其他企业。在整体市场份额中,ofo以29.77%的市场占有率位居行业第二,仅次于摩拜(图5-1、图5-2)。

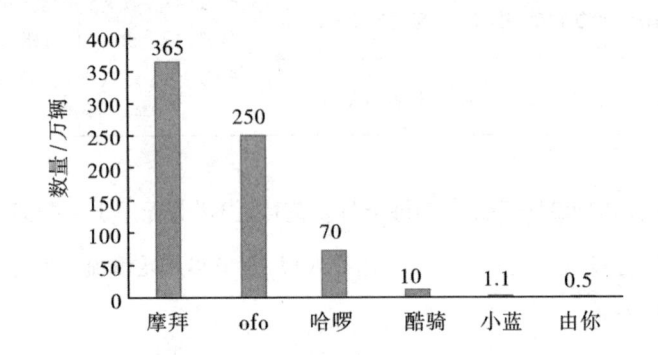

图5-1　2017年国内共享单车车辆投放规模

(数据来源:速途研究院。)

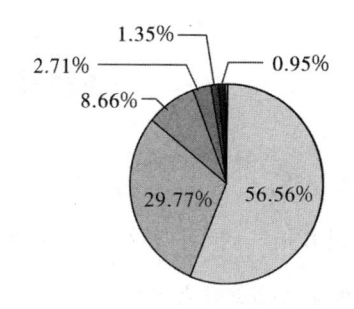

第五章 ofo小黄车：成也一票否决，败也一票否决

```
                    1.35%
            2.71%  ╱
        8.66%    ╱      0.95%
              ╲ │    ╱
      29.77%    ●  56.56%


  □摩拜单车  □ofo  □哈啰  □酷骑  □小蓝  ■由你
```

图5-2　2017年第一季度中国共享单车企业市场份额布局

摩拜与ofo的竞争愈演愈烈，共享单车领域开始出现扭曲的竞争模式，比拼的不再是用户体验而是吸金能力，谁能快速展开新一轮融资，谁就可以存活下去，更快地将更多的单车投入其他城市，占据更大的市场份额。在这场对局中，不只是戴威与王晓峰、ofo与摩拜，还有双方背后投下数百亿资金的投资人，尤其是阿里巴巴和腾讯。对阿里巴巴和腾讯具有很强的战略意义的赛道为数不多，共享单车领域是其中之一。这场浩浩荡荡的对弈卷入了太多的势力，没有一方能确定自己将会是赢家，更没有人知道共享单车市场未来的走向如何。

摩拜和ofo两大巨头的"橙黄之争"在一、二线城市留下令人难忘的"盛景"。从卫星图片上来看，大街小巷中乌泱泱布满两种颜色的共享单车。共享单车甚至被国外青年评为中国"新四大发明"之一。

祸起萧墙，大厦将倾

蓝海虽广，终有尽头。

共享单车市场已开拓三四年，蓝海也逐渐变成红海，疯狂的投资、扩张带来的海市蜃楼临近破灭之时。

在几大头部企业为争夺城市地盘而打得头破血流之时，国内的共享单车市场已趋于饱和，各大城市中五颜六色的共享单车使城市秩序变得混乱不堪。2017年下半年，众多一、二线城市开始发布"禁投令"，限制共享单车继续投放。乌云昭告暴雨的到来，市场变天了，资本要收网了。

第一次一票否决：合并僵局

2017年下半年，ofo可谓内忧外患：外部是共享单车赛道血雨腥风的恶性竞争，内部是管理方面开始起火。

戴威与ofo的第一大股东滴滴出行之间的矛盾逐渐升温。2017年7月，滴滴出行拉来软银的投资，前提是让滴滴出行的几位高管进入ofo，协助管理公司。孙正义来中国与戴威见过面，两人相谈甚欢，孙正义还当场签了投资意向书，承诺投资18亿美元，但他提出三个要求：一是日订单量提高至3 000万；二是加强公司的内部建设；三是投资到账前要通过软银的审查。

在钱到账前，滴滴出行也派出副总裁付强、财务总监柳森森等3名高管进驻ofo。滴滴出行的人进入ofo主要是为了协助搭建管理结构，因为当时ofo的内部管理延续了北京大学学生会的松散管理方式，尤其是公司的财务混乱且宽松。实际上，付强等人介入公司运营后，确实加强了成本控制，提高了运营效率。但同时，滴滴出行在ofo内部的掌控范围也逐渐扩大，市场部、财务部几乎被滴滴出行控制，创始人团队戴威等人被逐渐架空。因为滴滴出行手握近30%的股份，付强等人对戴威的态度也比较强硬，导致双方矛盾频发。

直到2017年11月，孙正义承诺投资的18亿美元也没有到账。问题出在投资要求的第三条上，软银认为ofo内部存在贪腐问题，不值得投资。这一消息对戴威来说无异于晴天霹雳。戴威因为预期会拿到这笔巨款，所以那段时间才会大肆购入新车、投放广告来拉高订单量，几乎将公司账面上最后的现金流耗尽。投资告吹，让ofo的资金链困境雪上加霜。

关于软银的这笔钱为什么最终没来，坊间有诸多传闻。其中一种说法是滴滴出行一直拖延时间不愿在投资协议书上签字，还向软银散布了ofo内部贪腐的消息，最终让这笔珍贵的投资黄掉。但滴滴出行坚决否认这种说法。不管具体情况如何，ofo的资金运用混乱也是事实。内部人员尤其是创始人团队一掷千金，出入各种高消费场合用公款吃喝，工作群红包一发就是好几万元，即便资金紧张，依旧在投放广告、骑车福利上毫不吝啬。

软银的投资没拿到手，矛盾激化，戴威与滴滴出行的关系彻底决裂。戴威将付强等人全部劝退，并将滴滴出行在ofo的权限基本撤回，包括查看公司的运营数据、使用公司的企业邮箱等权限。当然，滴滴出行也没闲着，马上着手进行自有品牌青桔单车的开发，并且开始私下从ofo挖人，两者之间又多了一层竞争关系。

眼见烧钱战争遥遥无期，作为直接利益相关者，置身摩拜与ofo对决的投资人的态度逐渐发生了变化，比如金沙江创投的朱啸虎。

到2017年末，共享单车行业市场饱和，整体格局已定，共享单车的覆盖即将触及天花板。从A轮投资就进入ofo的朱啸虎已经赚得盆满钵满，在这之后，ofo的市值很难再出现当初的指数级暴涨。对于朱啸虎来说，合并本身即为利好，之后ofo的市值会带来短期的涨幅，此时正是变现之时，非常适合自己迅速变现离开。

在2017年9月23日举办的第三届复旦首席经济学家论坛上，朱啸虎公开表示："只有摩拜和ofo合并才能带来盈利。"当时，两家已接近将共享单车市场垄断，但仍须通过大量的资金投入才能支撑其竞争，唯有合并才能利用垄断开始盈利。当双方份额都不再出现明显增长之时，就是合并的最好时机。在朱啸虎看来，战局已明朗，不应再继续高强度竞争，互相消耗。"A+轮"投资了ofo的天使投资人王刚对此也持相同的态度。

对腾讯来说，合并无疑是最好的结果。腾讯是摩拜的第一大机构股东，也是滴滴出行的第三大股东，而ofo的第一大股东正是滴滴出行。倘若合并，腾讯相当于间接持股了ofo。要知道，ofo与摩拜加起来的市场份额几乎占据了整个共享单车领域的90%，一旦"喜结良缘"，估值将近200亿元的共享单车赛道相当于直接纳入腾讯出行领域的版图之中，腾讯在与阿里巴巴的对弈中将成功拿下一座城池。在瓜分市场的零和博弈中，胜者出现，另一方自然会黯然离场。如果两家共享单车巨头合并之事尘埃落定，仅在ofo有少量持股的阿里巴巴只能拱手让出这条赛道。

另一个手握一票否决权的经纬中国对此事的意向如何？2017年12月13日下午，在36氪举办的WISE2017投资人峰会上，ofo的投资方真格基金创始人徐小平和经纬中国创始管理合伙人张颖在对话中表露，ofo和摩拜会合并。

此后，张颖通过其微博澄清，并未在公开场合说过类似的话。毕竟经纬中国作为大股东处于合并的风口浪尖上，随意表态会将自己卷入舆论旋涡之中。实际上，经纬中国作为滴滴出行的早期投资方之一，在ofo中本质上也属于滴滴出行一派，因此，即使其不愿对此事明确表态，基本也不会在合并谈判上唱反调。

腾讯、滴滴出行和朱啸虎很快达成默契，合力推动摩拜与ofo的合并方案形成。各方急于推动合并的原因之一是规避国家反垄断申报——若在年内合并，摩拜与ofo上一会计年度在中国境内的营业额加起来不会超过国家设定的4亿元限额。

2017年10月，摩拜与ofo终于正式坐在谈判桌前。此时，ofo公司中持有一票否决权的是戴威、滴滴出行、朱啸虎、经纬中国。按照投资方的方案，合并后，滴滴出行将成为新公司的控制者，滴滴出行创始人程维将出任董事长，摩拜的王晓峰和ofo的戴威共同出任联席首席执行官，类似2015年滴滴出行与快的合并的方式。王晓峰和胡玮炜原先共同持有的一票否决权在合并后失效，同样，戴威也要放弃手中的一票否决权。

但戴威拒绝了。他投出一票否决权，谈判失败。第一次一票否决权使用时，各方利益关系如图5-3所示。

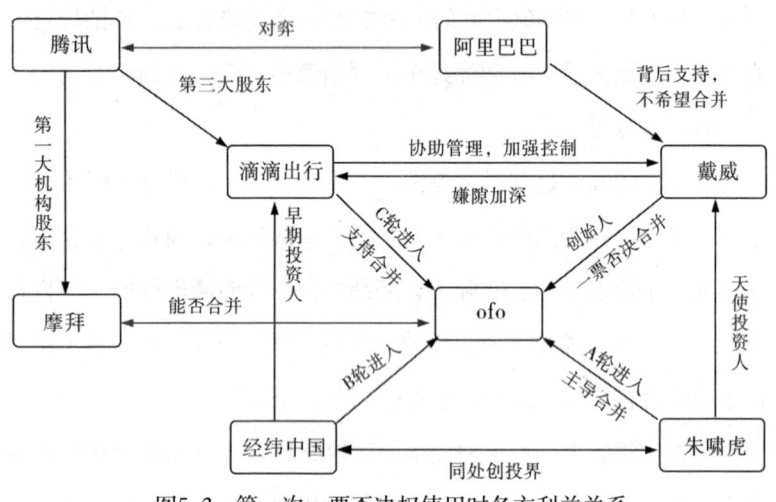

图5-3　第一次一票否决权使用时各方利益关系

究其拒绝的原因，主要有两点。首先是戴威自己的"坚持"。

第五章　ofo小黄车：成也一票否决，败也一票否决

2017年12月18日，戴威在2018网易经济学家年会"新青年商业领袖"分论坛发表演讲，对于合并一事，他喊话："作为创业者，非常感谢资本，因为资本助力了企业快速发展，但资本也要理解创业者的理想和决心，创业者应该与投资人良性互动，共同发展，解决问题。"

可以理解的是，投资人和创业者对公司的态度确实有很大差别。在投资人眼中，投钱给你无非就是为了让手中的资产快速增值，并不是对公司本身有多热爱。公司运营得好，当然可以顺带获利，皆大欢喜；但一旦出现问题开始走下坡路，投资人就会优先保障自己的利益。但戴威作为创始人，自然视ofo为自己的亲生孩子一般，无法轻易接受将其"拱手让人"。并且，戴威刚刚与滴滴出行关系破裂，他对程维等人自然也没有好脸色，不想屈于其下。对戴威等创始人团队而言，他们期望的是合并后和摩拜团队共同管理公司，而滴滴出行则继续做好投资人，不要想着控制新公司。从这个角度来看，戴威的拒绝合并是缺乏大局眼光的决策。ofo因为戴威的一票否决错失了合并的机会，导致之后无处寻觅栖身之地的凄惨结局。

其次是阿里巴巴在其背后撑腰。ofo一旦与摩拜合并，共享单车这片乐土就是腾讯的天下，阿里巴巴会被迫出局。此时，蚂蚁金服还在扶持的哈啰单车也将面临市场份额被严重挤压的危机。如果共享单车的战争就像滴滴出行和快的一样，以合并为结局，自然整

131

个出行领域就没阿里巴巴什么事了，共享单车、网约车都属于腾讯了。

阿里巴巴当然不能随随便便在这件事上妥协，虽然此时的阿里巴巴还没有拿到ofo的一票否决权，但通过将立即注资ofo的承诺，利用戴威投出的一票否决权，让合并流产了。

合并失败，几家欢喜几家愁。朱啸虎最先退出，将手中股份转让，套现30亿元离开ofo。他说："你要这样继续下去，不接受合并，我们只能把股份卖给战略投资人。我们是财务投资人，战略投资人的诉求跟我们不一样。"在他眼中，戴威只是把自己的利益凌驾于投资人之上罢了。

朱啸虎把所有的股份转让给了阿里巴巴和滴滴出行，阿里巴巴占大头，滴滴出行占小头，因此阿里巴巴成功拿到一票否决权，这也为之后出现的僵局埋下了伏笔。这时，还是四方拥有一票否决权：阿里巴巴、滴滴出行、戴威、经纬中国。

第二次一票否决：融资僵局

自软银投资告吹以来，戴威与滴滴出行之间的矛盾越积越深。但毋庸置疑缺钱是ofo眼前的窘境。第一大股东滴滴出行手上握有资金命脉，戴威担心，人为刀俎，我为鱼肉，在资本的胁迫下，ofo迟早会被滴滴出行拖垮。

第五章 ofo小黄车：成也一票否决，败也一票否决

想要纾困，唯一的路径是绕过滴滴出行去寻找新的投资者，阿里巴巴成为戴威的下一个目标。阿里巴巴对ofo的首次投资是在2017年4月，蚂蚁金服参与了ofo的"D+轮"融资。戴威并不想在腾讯和阿里巴巴之间站队，他只是想引进阿里巴巴来对抗滴滴出行，把滴滴出行变成纯财务投资人，从而实现独立发展。阿里巴巴经过"D+轮"的投资以及拿下朱啸虎手里的股份之后，在ofo股东之中的势力大涨，形成与滴滴出行互相对峙的局面。双方都想寻找机会拿下更多份额，将对方挤出ofo。

第二次使用一票否决权的情况发生在2017年12月。阿里巴巴和蚂蚁金服决定注资ofo，目的是"用于回购主张合并的老股东的股份"，隐含着要把滴滴出行赶走的意思。从图5-4可以看出，共享单车领域主要的巨头之争仍是摩拜与ofo，滴滴出行自有的青桔单车以及阿里巴巴扶持的哈啰单车尚不成气候。实际上，还是腾讯与阿里巴巴在共享单车市场这一棋盘上竞争。阿里巴巴想要拿下ofo和摩拜的战斗，本意自然是与摩拜背后的腾讯竞争。当年的滴滴出行与快的合并，阿里巴巴只能逐渐淡出，它不希望在共享单车赛道上重蹈覆辙。

结局可想而知，滴滴出行作为第一大股东投出一票否决权。滴滴出行非常清楚，一旦在投资协议上签字，就意味着自己手里的股权将被稀释，慢慢被踢出局，它自然不会放手。第二次一票否决权使用时，各方利益关系如图5-4所示。

133

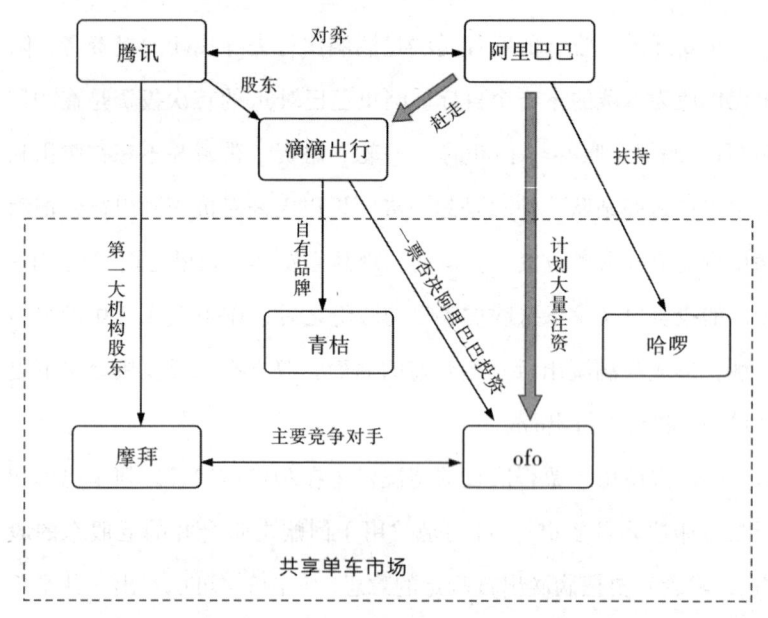

图5-4 第二次一票否决权使用时各方利益关系

在恶性竞争中,ofo的利益空间几乎被压缩到了极限,资金链更加紧张。时间一分一秒地流走,钱也在一点一滴地花掉,ofo只能等待新进入的投资人来续命。但是,不少大大小小的融资因为与使用第二次一票否决权类似的情况而告吹,ofo陷入进退维谷的境地。

第三次一票否决:收购僵局

2018年4月4日,胡玮炜以185亿元的价格将摩拜单车卖给了美团。按照持股份额，胡玮炜套现15亿元。在这之后，胡玮炜曾短暂地留在美团，但因没有经营实权，过了一段时间后彻底离场。自此，两大巨头之争尘埃落定。接下来，人们将视线转到戴威身上，但已经从当初的崇拜转为赤裸裸的怀疑。

与摩拜相比，ofo还如同雨中的残荷，估值一天天下降，原先200亿元的估值降到70亿元，但容身之处仍未可知。

此时，ofo的结局的最大可能性是被滴滴出行收购。对滴滴出行来说，共享单车业务和其原有业务本来就有很大的共同点，如果能够将ofo收入怀中，也就在一定程度上扩大了业务的广度与精度，有利于今后的发展。但是，此时与2017年末的市场情况又有所不同。2018年3月，阿里巴巴支持的哈啰单车在全国推行芝麻信用免押金的政策，让订单量和新用户大幅上涨，日订单量突破2 000万单，超过ofo、摩拜的总和。出行领域的大敌——美团抢先拿下摩拜，在共享单车赛道上大举进军。滴滴出行自有的青桔仍在蹒跚学步，竞争力尚且不足。激烈的竞争迫在眉睫，最佳方案就是滴滴出行抓紧时间拿下ofo扳回一城，在整个出行领域与美团对抗。

2018年4月，滴滴出行高层开始就收购一事推进与ofo的谈判。此时，资金告急使戴威不得不低下头，他明白，将ofo卖身给滴滴出行是走出困境的最后手段。

和各方股东谈判了1个月，戴威同意了滴滴出行的方案，首度同意交出公司的控制权，放弃独立发展。到了2018年8月，双方基本已经谈拢。这时的滴滴出行显得游刃有余，接连反悔自己提出的收购意向书，不断地撤回方案再重新提出，给出的理由是"在尽职调查后，认为ofo的资产质量已经太差"。滴滴出行一拖再拖，等ofo的估值继续降低，意图以更低的价格将全部控制权揽入怀中。此时，戴威已完全丧失话语权。

在收购方案中，滴滴出行提出新董事会将由5名成员组成，其中2名成员由滴滴出行任命，1名成员由所有创始人共同任命，2名成员由滴滴出行以外的其他投资者任命。包括CEO等在内的所有关键岗位的提名、任命、替换和解雇都必须经滴滴出行之手。相应地，ofo的创始人团队将出局，戴威的一票否决权自然也被收回。收购成功后的董事会中，只有滴滴出行指定的董事会成员拥有一票否决权。

其中的意味不言而喻：滴滴出行要求收购ofo后对其拥有绝对控制权。

滴滴出行的如意算盘打得很好，但问题还是出在阿里巴巴身上。一旦滴滴出行成功收购，那么就如图5-5所示，腾讯的美团、青桔，以及滴滴出行收购后的ofo将占据大部分共享单车市场，基本上可以说阿里巴巴将在共享单车领域出局。这当然是阿里巴巴不愿意看到的，宁可ofo自此倒闭，也不能将它最后的价值交给竞争对手。所以，阿里巴巴动用一票否决权，把这次收购否决了。

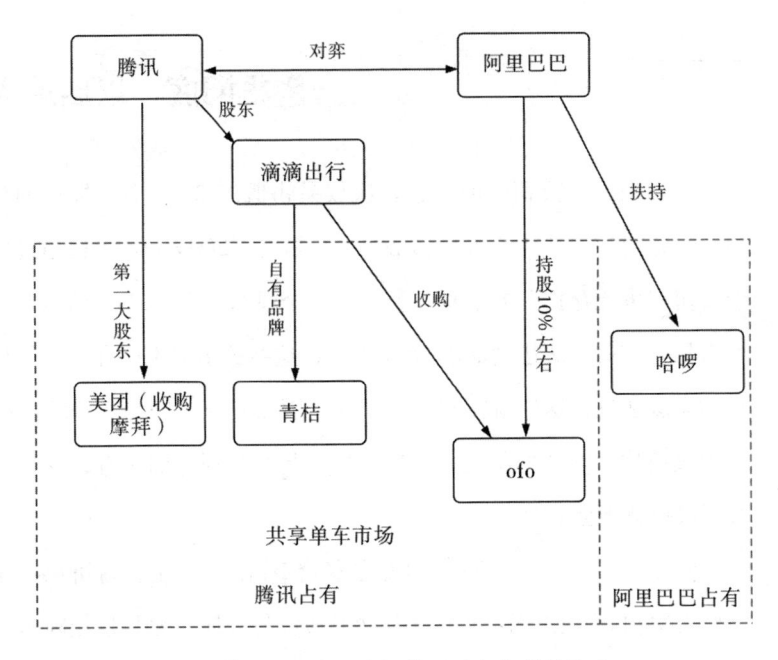

第五章 ofo小黄车：成也一票否决，败也一票否决

图5-5 第三次一票否决权使用时各方利益关系

其实，这已经是ofo最后的机会了，戴威本来是有机会像胡玮炜一样套现离场的。这下，ofo失去了最后的归宿。

刨根问底，以启后人

一般来说，公司中的一票否决权是占股33.3%以上才拥有的权利，与绝对控制线（一般指占股67%）相对。2/3以上表决权通过关于公司"生死存亡"的事宜，若其中一个股东持有超过1/3的股权，那么另一方就无法达到2/3以上表决权，这些关于"生死存亡"的事宜就无法通过，这样就控制了生命线，因而33.3%以上、一般为34%的股权被称为安全控制线。当然，如果是半数通过的事宜，这种一票否决权就不会生效。

而在ofo，只要单轮投资额度在本轮中占50%以上，就可以授予一票否决权。一票否决权授予得过于随意与分散，尤其是让阿里巴巴、腾讯两方同时拿到，为ofo最后的大败局埋下祸根。

所有公司内部管理架构的设计，其核心宗旨就是避免公司陷入僵局。一票否决权毫无疑问是一种很强的权力，属于集权，本质上是要依靠它来强制性否决某些事项。因此，一票否决权不能被随意授予，如果人人都有一票否决权，就失去了设立它的初衷。

四方掌控一票否决权是极为糟糕的公司治理结构。每当其中一方提出新企划或引进投资时，目的都是加强自己对公司的控制，切更多的蛋糕给自己，这时其他几方的蛋糕自然就变小了，然后就会理所当然地甩出一票否决权。对各方都有利的决策是不太可能的，

第五章 ofo小黄车：成也一票否决，败也一票否决

任何一方都有直接否决权，就相当于任何一方都没有直接否决权，决策时仍难以达成一致意见。

当然，我们不应将一票否决权一棒子打死。无可辩驳的是，一票否决权的存在确实保护了投资人的利益，而且有了这层保障，投资人也更愿意向公司投资。我们更应该关注的是如何正确分配和使用一票否决权。

华为创始人任正非也手握一票否决权，但他从未真正使用过，华为内部也没有出现过与ofo一样的僵局。任正非在与两位专家的座谈会上曾说过："一票否决权的使用可能会对公司造成伤害。"随意使用一票否决权会让员工感觉被独裁，但如果没有一票否决权，又无法有效地制约公司内部。一票否决权的存在就是为了制衡公司内部的权力，所以不能轻易使用。在最初慎重地选择一票否决权的给予对象，几个股权占比相近的股东共用一票否决权，避免存在竞争关系的两方资本同时拿到一票否决权，才能避免让公司陷入几大股东互相否定决策的僵局。

同时，在公司发展期，大量投资涌入，创始人团队自身股份自然也不断被稀释。这个时候，需要合理的公司治理模式才能做到不被架空、逐渐失去控制权。

ofo的公司治理模式类似于相互制约型的股权结构，公司拥有若干个股份相近的大股东。戴威占股36.02%，滴滴占股25.32%。但是经纬中国、金沙江创投、王刚等投资方本质上都属于滴滴出行，

他们的股权加起来远超戴威，所以坊间传闻戴威被架空一事并非空穴来风。在ofo的多轮融资中，滴滴出行每次跟投，所持股权都在上升，可以说，ofo创始人团队的股权在不断被稀释。

虽然戴威占股超过30%，但滴滴出行等股东的一票否决权让他不能完全掌控ofo的命运。同样，尽管戴威逐渐被架空，但他手中依然有一票否决权，滴滴出行也无法轻易拿下ofo。几大股东之间形成相互制约的态势，没有一方具有绝对控制权和相对控制权，大股东之间的联合和分裂使公司控制权的归属存在不确定性，股东利益的碰撞使公司治理存在风险隐患。

ofo需要构建一个相对控股型的股权结构。相对控股型的股权结构是指公司拥有较大的相对控股股东，其所持股份比例为20%~50%，公司可能同时拥有其他大股东，对第一大股东形成一定的制约，但不足以与第一大股东抗衡。这是一种比较合理的股权结构。其中，第一大股东既可以是创始人或创始人团队自身，也可以是某一个大股东，但只能有一个。俗话说，一山不容二虎，ofo同时引入阿里巴巴和腾讯的投资，使自己变成两虎相争的战场，自然不会得到良性发展。

在公司股权架构设计方面，阿里巴巴是一个非常典型的成功案例。马云在阿里巴巴占股比例仅约7%，远低于第一大股东软银的29.2%和第二大股东雅虎的15%，但是马云却一直牢牢把握着公司的控制权，这是因为他采用了合伙人制度。

按照常规的设计，提名董事是股东的权利，所以股东是通过董事会影响和控制企业的，阿里巴巴却绕开股东会设立了一个全新的机构——合伙人。阿里巴巴合伙人对公司的控制凌驾于股东会之上，拥有专属的提名和委任简单多数董事的权利（图5-6）。

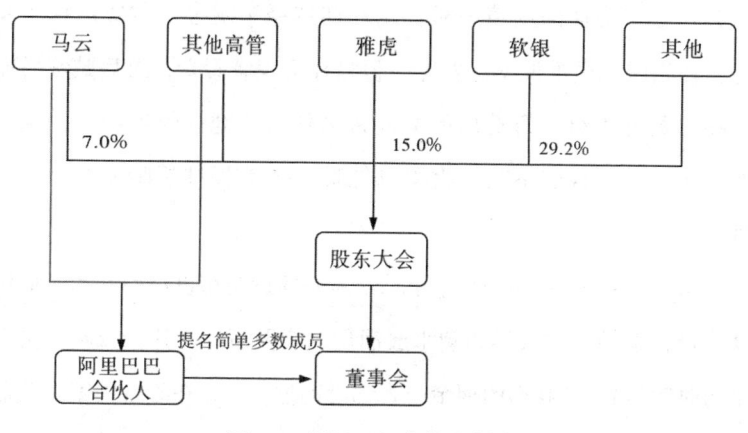

图5-6 阿里巴巴合伙人制度

马云通过合伙人制度的权利掌控投票权，进而控制董事会成员中自己人的绝对占比。保证控制权的方式还有很多种，在境外，谷歌等公司采用同股不同权的AB股制度来保证控制权；此外，还有委托投票权、一致行动人协议等方式。

ofo在拿钱的时候只知笑脸相迎，最基本的股权结构都没有处理好，为此付出了沉痛的代价。

道尽途穷，朝不虑夕

使用三次一票否决权后，ofo迎来了它最黑暗的一段岁月。

棋局之所以变幻莫测，是因为局势与棋手的心境皆难以捉摸。当公司处于类似的困境中时，胡玮炜选择了割舍，戴威选择了坚持。在当时，很难说孰是孰非，但是在旁观者看来，事后戴威拼命坚持自救并未给一筹莫展的局面带来什么关键性的进展。三次一票否决，救命钱进不来，收购也告吹，ofo在通往黑暗的路上越走越远。

当有消息爆料ofo要倒闭时，ofo最后的遮羞布也被揭开了。墙倒众人推，退押金的人群如潮水般涌现，全网声讨一片。戴威在接受采访时曾提到，"我们的押金一直都没动过，一直在等待国家相关监管政策出来"。现在看来，这颇具讽刺意味。

截至2018年12月，在线排队退ofo共享单车押金的人数已经达到1 013万。ofo共享单车的押金分为99元和199元两种。如果以99元计算，保守估计需退还押金总额约10亿元；如果以199元计算，ofo需要退还近20亿元的押金。在新投资人难寻的情况下，毫无疑问，ofo是付不起这笔钱的。

不仅是拖欠用户押金，ofo还拖欠几十家自行车供应商的货款，其中欠凤凰自行车货款高达6 815.11万元。2018年8月，凤凰自行车因与ofo共享单车的运营方发生买卖合同纠纷，向北京市第一中级人民法院提起诉讼[①]。ofo拖欠货款的行为已经构成严重违约。之后，法院对戴威发布限制消费令。戴威还频繁登上失信被执行人名单，高达几十次。

长期积压的押金难退的问题终于爆发了。2018年12月17日，大批北京市民带着身份证来到ofo总部排起一条条长龙，等待办理退还押金，大厦被围得水泄不通。12月的北京正值寒冷的深冬，排队的人却只见增多不见减少。很多人来这里的路费都超过了99元的押金，也不知道排队是否能如期等到退款，但为了寻个说法，偏要继续等。

排队退押金事件过了十几天后，戴威承认公司背负着巨大的资金链压力，现金流紧张，他表示虽然压力大，但一定要"跪着活下去"。"如果不愿意战斗到最后，现在就可以退出。"四面楚歌中，戴威声嘶力竭。

理想终究是理想，残酷的现实就摆在眼前。

这种看不到前途的坚持，并不是每个人都能承受得住的，选择离职的人越来越多。

沉舟侧畔千帆过。ofo深陷困境时，戴威只能眼睁睁地看着市场上几家新的共享单车企业开始蓬勃发展。薛鼎、张巳丁等联合创始人逐一退出，公司内部开始土崩瓦解。

2020年1月，戴威不再担任ofo的执行董事、经理、法定代表人，

---

① 陈雪柠.上海凤凰起诉ofo小黄车[N].北京日报，2018-09-03.

离开了他深爱的ofo。戴威败走之时，仍有1 000多万人正在排队退押金。

2021年7月6日、8月9日，上海拜克洛克网络科技有限公司、北京拜克洛克科技有限公司深圳分公司相继注销。

自此，近七年大起大落的ofo商业大戏终于落幕。

ofo的大败局，似乎冥冥之中早已注定。这场由资本掀起的狂欢，最终也会以资本的离去而收场，挥金如土的日子宛若南柯一梦。

过去的一段时间，在各个城市的郊区，都能看到堆得像小山一样高的废弃小黄车，如同一座座凄凉的坟场。偌大一个商业帝国在人们的视野中无声地垮塌，有谁会为它吊唁呢？千里孤坟，无处话凄凉。

后人哀之而不鉴之，亦使后人而复哀后人也。

思考题

1. 为什么说一票否决制度是公司治理的"双刃剑"？
2. 当年最适合ofo的公司治理模式是什么？
3. 从ofo这个案例中，我们还学到了什么？

ofo大事记

·2014年，ofo创立，五位创始人分别是戴威、薛鼎、张巳丁、于信、杨品杰。

·2015年6月，推出共享单车计划，在北京大学成功获得2 000辆共享单车。

·2015年12月，完成Pre-A轮融资。

·2016年2月，完成A轮融资。

·2016年5月，总订单量突破200万，单日服务校园出行近10万次。

·2016年8月，完成"A+轮"融资。

·2016年9月，获得经纬中国领投、金沙江创投和唯猎资本跟投的数千万美元的B轮融资。

·2016年9月，总订单量突破1 000万，日订单量突破40万。

·2016年9月26日，滴滴出行以数千万美元战略投资ofo。

·2016年10月10日，宣布完成1.3亿美元C轮融资，包括滴滴出行数千万美元C1轮战略投资，以及Coatue Management、小米等领投的C2轮投资。

·2017年1月11日，宣布覆盖全国33个城市，连续开启合肥、武汉、长沙、南京、重庆、佛山、天津、西安、石家庄、郑州、济南、南昌、苏州、宁波、南宁、福州的城市服务。

·2017年3月1日，完成D轮融资。

·2017年4月22日,宣布获蚂蚁金服"D+轮"战略投资。

·2017年4月27日,正式接入滴滴出行平台。滴滴出行用户可通过滴滴出行App陆续在全国直接使用ofo。

·2017年6月8日,全球知名风投调研机构CB Insights发布全球最具价值的科技创业公司榜单,这些公司均为估值超10亿美元的"独角兽"公司。在最具价值独角兽榜单中,ofo成为全球共享单车行业唯一上榜的公司。

·2017年8—9月,陆续登陆泰国以及维也纳、伦敦市场,成功开辟九国市场。

·2017年11月8日,入选"时代影响力·中国商业案例TOP30"榜单。

·2018年3月,宣布已完成E2-1轮融资8.66亿美元。

·2018年7月11日,在披露海外业绩后不到一周,选择退出部分国际市场。

·2018年10月,运营主体东峡大通(北京)管理咨询有限公司已悄然更换法人代表,ofo的创始人戴威不再担任该公司的法人代表,由陈正江接替。

·2021年8月,企查查App显示,上海拜克洛克网络科技有限公司、北京拜克洛克科技有限公司深圳分公司于7月6日、8月9日相继注销,状态均为企业已依法注销营业执照,丧失法人资格。

第六章
康佳：累积投票制和网络投票，中小股东的维权之路

黄海嫦

- 第1招：步步为营
- 第2招：借用良言
- 第3招：抽丝剥茧
- 第4招：有的放矢

扫码出招
看公司治理如何反败为胜

鲁迅曾说:"世上本没有路,走的人多了,也便成了路。"经过岁月的沉淀,有的路已被踏为康庄大道,处处鸟语花香,而有的路却坎坷、曲折、荆棘丛生。在波诡云谲的商海中,中小股东的维权之路显然更像是后者。

在康佳的中小股东看来,过去的23年里,大股东华侨城集团公司(简称"华侨城")一直漠视中小股东的意见,在2014年的"土地门"事件中的做法更是令人愤慨。2015年5月,中小股东们整顿军马,操起兵戈,"逼宫"董事局。他们的第一个目标,是在5月28日召开的康佳2014年度股东大会上拿下两个董事局席位。但这绝非易事,成立于2010年的康佳第七届董事局里的7位成员全部由华侨城提名,中小股东要做的是"从无到有"的突破。

他们并不抱有太大的希望,作为中小股东代表之一的孙祯祥在股东大会前坦率地对记者表示:"不管有没有拿到董事局席位,我们的初衷已经达到了。只要公司往后能够重视中小股东的意见,能够更加重视互联网方向,那就足够了。"

"父争子利",中小股东积怨已久

1998年,康佳集团股份有限公司(简称"康佳")取得位于深圳市南山区华侨城片区的康佳集团总部厂区更新项目地块的使用权。这块地总面积达37 251.8平方米，2010年被列入深圳市城市更新项目，将建设"集研发、办公、商业等多元功能于一体的城市综合体"。中信证券曾预估，该项目若建成写字楼出租，将给康佳带来每年1.35亿元的净利润；若建成后一次性出售，保守估计利润将达26亿元。2013年8月6日，康佳发布公告称，深圳市规划和国土资源委员会明确表示该项目用地单位为康佳[①]。然而，11天后，华侨城以该地块属"房地分离"的情况为由，将土地所有权牢牢握在自己手中，反对康佳作为唯一实施主体继续推进该项目，要求暂停相关流程手续的办理[②]。华侨城"父争子利"之心昭然若揭。当时，作为康佳第一大股东的华侨城，持股比例仅为20%，却要与持股80%的中小股东分食，这无异于天方夜谭。

为求"名正言顺"，2014年3月1日，康佳第七届董事局发布公告称，要将"康佳是否有权作为城市更新项目的唯一开发主体"的争议，提交给深圳市国际仲裁院进行仲裁[③]。7月31日，深圳市国际仲

[①] 深圳证券交易所：《深康佳A：关于申报城市更新计划项目进展情况的公告》[EB/OL].（2013-08-06）. http://www.szse.cn/disclosure/listed/bulletinDetail/index.html?e9a44c28-e51e-4b52-be19-05c6d8cb5bdd.

[②] 深圳证券交易所：《关于收到〈关于康佳集团作为康佳集团总部厂区更新项目实施主体的意见函〉的公告》[EB/OL].（2013-08-17）. http://www.szse.cn/disclosure/listed/bulletinDetail/index.html?8c2bd357-6723-4b19-b65e-a71d523e077b.

[③] 深圳证券交易所：《康佳集团股份有限公司第七届董事局第五十三次会议决议公告》[EB/OL].（2014-03-01）. http://www.szse.cn/disclosure/listed/bulletinDetail/index.html?cbb0eed0-5556-439e-b973-b8e8965ae363.

裁院驳回该请求，土地被裁定与华侨城分享[①]。

仲裁结束后，在土地分享的比例问题上，华侨城与康佳的中小股东再度争执不下。9月29日，华侨城提出与康佳成立合资公司以开发该项目；合资公司中，华侨城持股40%，康佳持股60%。对此提案，4名关联董事回避表决，3名独立董事杨海英、张忠、冯羽涛一致弃权，该提案夭折。尽管弃权的3名独立董事皆由华侨城提议推选，此时也不得不在民意面前倒戈。11月20日，新提案的股权比例从"四六开"改成"三七开"，这才得以通过。

至此，"土地门"事件暂告一段落。显然，在法律上各具独立法人资格的华侨城和康佳，地位却并不平等。华侨城将康佳置于股掌之上，导致中小股东积怨已深。"土地门"这一导火索已被点燃，向2015年康佳董事局改选的方向烧去。

厉兵秣马，剑指董事会席位

不同于其他国资上市公司的股权结构里国有股"一股独大"的情况，康佳的股份制改造颇有成效。1992年，康佳A、B股股票在深圳证券交易所上市后，控股股东华侨城不断减持，持股比例一度降

[①] 深圳证券交易所：《深圳国际仲裁院裁决书》[EB/OL]. (2014-07-31). http://www.szse.cn/disclosure/listed/bulletinDetail/index.html?ae74e994-f247-4cfe-81b9-8b7a51ad209a.

至2007年底的8.7%,之后再逐步增持至约20%。

截至2015年4月,中小股东所持股份总计超过70%(图6-1)。单就这么高的持股比例而言,康佳董事局中早应选出代表中小股东的意见、利益、参与公司治理的成员。在波诡云谲的事态中,两拨中小股东代表,一方是Nam Ngai、夏锐、孙祯祥、蔡国新等,另一方是Holy Time Group Limited(简称"圣时投资")和国元证券经纪(香港)有限公司(简称"国元证券"),都蠢蠢欲动。

前五大股东					
21.75%	2.89%	2.89%	4.49%(合计)	2.19%	65.79%
华侨城集团公司	国元证券经纪(香港)有限公司	全国社保基金组合	华润深国投信托有限公司	高瓴基金(Gaoling Fund,LP.)	其他(包括自然人股东)

2.18%	1.53%	1.17%	0.98%	0.97%	58.96%
Holy Time Group Limited	国泰君安	孙祯祥	平安信托	Nam Ngai	其他散户

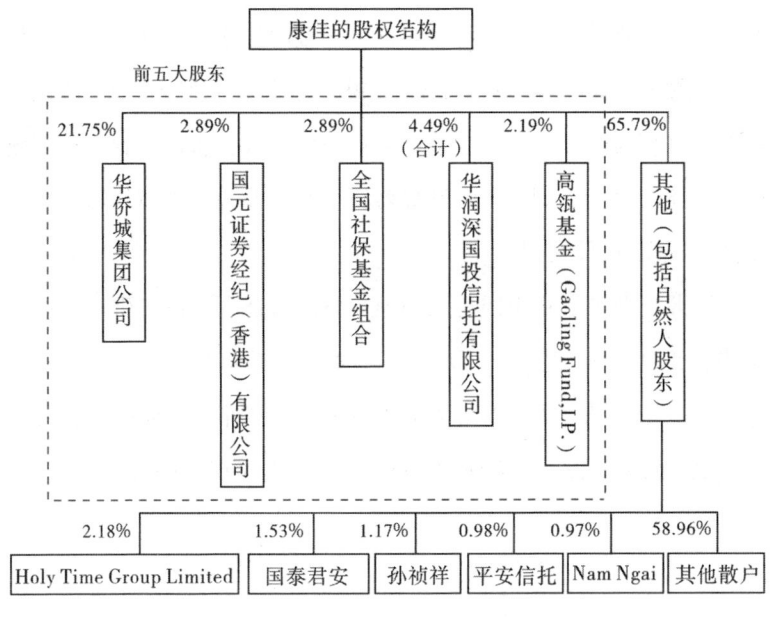

图6-1 康佳2015年第一季度股权结构

2015年4月1日，康佳召开第七届董事局第七十一次会议，审议并通过了换届选举独立董事和非独立董事的议案，并推选出7名候选人，其中4名候选人在华侨城均有任职。王晓雯、陈跃华、何海滨、刘凤喜被提名为非独立董事候选人，邱晓峰、李罗力、张述华被提名为独立董事候选人。同时，拟定2014年度股东大会于5月28日召开。

按捺不住的中小股东纷纷出手。根据康佳的章程及股东大会议事规则的规定：单独或者合计持有公司表决权股份总数的3%以上的股东，可以在股东大会召开10日前提出临时提案并书面提交给召集人。短短两日之内，Nam Ngai、夏锐、孙祯祥、蔡国新四位股东，联合提名任维杰、宋振华为非独立董事候选人，张民为独立董事候选人。圣时投资和国元证券则提名靳庆军为非独立董事候选人，肖祖核为独立董事候选人。

至此，非独立董事候选人和独立董事候选人均已产生，非独立董事候选人为王晓雯、陈跃华、何海滨、刘凤喜、任维杰、宋振华、靳庆军；独立董事候选人为李罗力、张述华、邱晓峰、张民、肖祖核。各方支持者与其所代表的股权对比如表6-1所示。

表6-1　各方支持者与其所代表的股权对比

非执行董事候选人	姓名	支持者	支持者至少持有股权/万股
非独立董事候选人	王晓雯	华侨城集团公司 嘉隆投资有限公司	30 099.5
	陈跃华		
	何海滨		
	刘凤喜		
	任维杰	Nam Ngai、夏锐、孙祯祥、蔡国新	3 621
	宋振华		
	靳庆军	圣时投资、国元证券	4 000
独立董事候选人	李罗力	华侨城集团公司 嘉隆投资有限公司	30 099.5
	张述华		
	邱晓峰		
	张民	Nam Ngai、夏锐、孙祯祥、蔡国新	3 621
	肖祖核	圣时投资、国元证券	4 000

显然，两拨中小股东与华侨城的实力悬殊。若此次选举采取直线投票制，即股东将自己的选票平均投给自己的候选人，中小股东将毫无胜算。不过，还有累积投票制。

累积投票制，为强者锦上添花还是为弱者雪中送炭？

《康佳集团股份有限公司章程》对累积投票制做出解释：累积投票制是指在选举两名以上董事时，股东所持的每一股份都拥有与应选出席位数相等的投票权，股东既可以把所有投票权集中投给一人，也可以分散投给数人，按得票多少依次决定董事人选的表决制度。

　　实际上，此前中国证券监督管理委员会和中华人民共和国国家经济贸易委员会于2002年联合颁布的《上市公司治理准则》和新修订的《中华人民共和国公司法》均未对累积投票制的使用做出强制要求。当时持股比例为21.75%的控股股东华侨城，完全没有必要在此次选举中采用累积投票制。不过，此时的华侨城倒是很乐意给中小股东让让道，博取"开明"的好名声。在华侨城眼里，中小股东发起的挑战不过是以卵击石。过往的案例反复印证：在涉及公司治理问题，维护自身权益时，绝大多数中小股东常常当逃兵。华侨城所面对的中小股东恐怕也不例外。因此，华侨城不仅积极推行累积投票制，还全力支持网络投票，以降低中小股东的投票成本。稳居宝座的华侨城，玩味地看着中小股东振臂高呼。

　　无怪乎华侨城自认为稳操胜券，巨大的实力差距一直客观存在。采用累积投票制后，在拟选7名董事的情况下，各方所持选票都翻了六番。直观来看，强者越强，弱者越弱。即便华侨城一方不采取任何战术，直接在7名候选人当中平分选票，每名候选人也能获得30 099.5万票。这个数字已明显超过夏锐一方或圣时投资一方所持有的总票数（图6-2）。总而言之，与其说累积投票制会为艰难维权的中小股东雪中送炭，倒不如说它的存在将为华侨城的胜利锦上添花。

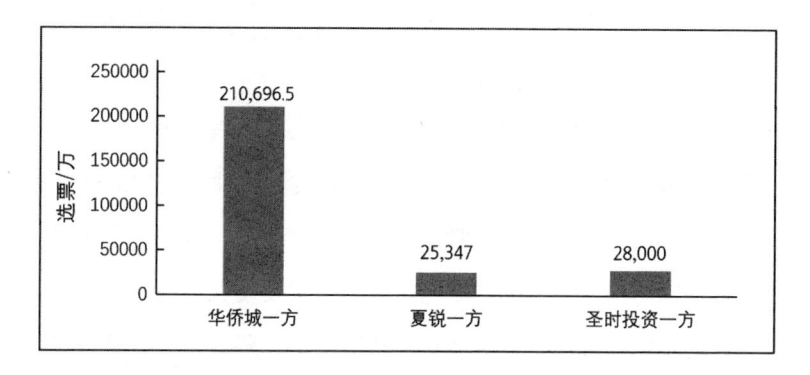

```
选票/万
250000 ┤ 210,696.5
200000 ┤  ■
150000 ┤  ■
100000 ┤  ■
 50000 ┤  ■        25,347      28,000
     0 ┴──────────────────────────────
        华侨城一方   夏锐一方    圣时投资一方
```

图6-2　各方所持选票对比

对于推选了7位候选人的华侨城来说，实行累积投票制确实会使其选票的分布相较于中小股东的选票更加分散。但选票分布的分散在绝对数量的选票面前，似乎是可以忽略的。华侨城并不是没有考虑过两拨中小股东联合的可能性，但即便如此，中小股东使尽浑身解数也只能争取到一两个席位，大权仍被紧紧地握在华侨城的手中。采用直线投票制胜之不武，采用累积投票制则能让中小股东心服口服。

在那场足以彪炳中国证券史的会议前夕，累积投票制还未显现出它真正的实力。与累积投票制并称的网络投票，也仅仅被当作一段无关紧要的小插曲。

出乎意料，胜利来得太猛烈

2015年5月28日，在康佳股东大会现场，由夏锐等中小股东推选的非独立董事候选人任维杰提出，华侨城的主营业务是房地产业和旅游业，不够关注竞争日益激烈的智能家电行业，难以给康佳提供更多的战略帮助。康佳的互联网转型乃至持续发展缺乏更多的可能性，已逐步陷入被同行业边缘化的危险境地。董事局中需要有代表拥有70%股份的中小股东的管理者，为康佳的战略制定、人文管理等发出不同的声音。

任维杰提及，康佳原本有机会"借阿里东风"实现跨越式转型和发展。数月前，康佳曾与阿里巴巴签署过一份合作保密协议，却因华侨城担心引入阿里巴巴后无法再合并康佳的报表而被否决。任维杰还表示，如果他成功当选，下一步行动将是重新引入战略投资者阿里巴巴。

"土地门"的折磨仍历历在目，"拥抱互联网+"的香饽饽又令人垂涎三尺，现实结果比中小股东的期望实在高出太多：他们推荐的候选人拿到7个董事席位中的4个。其中，宋振华、靳庆军当选非独立董事，张民、肖祖核当选独立董事。华侨城一方，原先推荐的4名非独立董事候选人中，只有陈跃华、刘凤喜当选；推荐的3名独立董事候选人中，只有张述华当选。

康佳的控制权一朝易主，华侨城自负轻敌，只能居于人下；中小股东首战告捷，赢得彻彻底底。

中小股东的胜利很大程度上得益于华侨城的轻视。在中小股东争夺董事局席位之前，华侨城推荐了4名非独立董事候选人和3名独立董事候选人。面对中小股东的挑战，华侨城仍坚持在选举时平分票数。大会决议显示，华侨城一方推荐的7名候选人，得票极为接近（图6-3）。

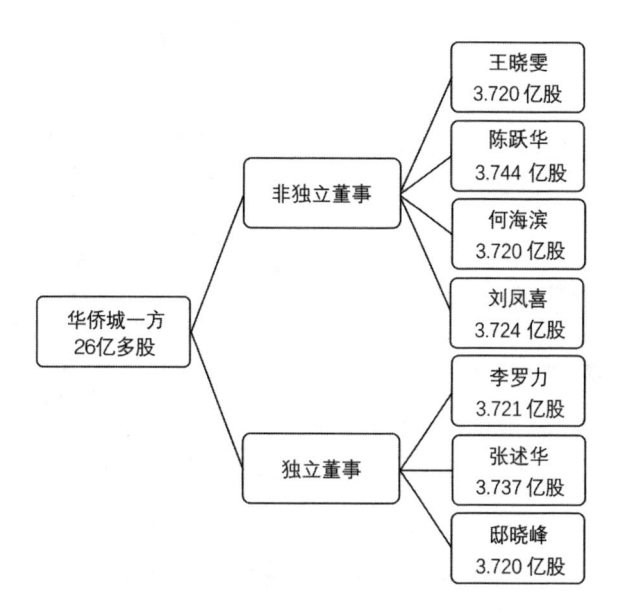

```
华侨城一方
26亿多股
├─ 非独立董事
│   ├─ 王晓雯 3.720 亿股
│   ├─ 陈跃华 3.744 亿股
│   ├─ 何海滨 3.720 亿股
│   └─ 刘凤喜 3.724 亿股
└─ 独立董事
    ├─ 李罗力 3.721 亿股
    ├─ 张述华 3.737 亿股
    └─ 邝晓峰 3.720 亿股
```

图6-3 华侨城一方候选人所得票数[①]

---

① 深圳证券交易所：《深康佳A：2014年年度股东大会决议公告》[EB/OL]．（2015-05-29）．http://www.szse.cn/disdosure/listed/bulleeinpetail/index.html?ca91863e-d76a-4a9a-b08f-67c5124749ba.

中小股东一方却颇有技巧。尽管只推荐了3名非独立董事候选人，但集中在宋振华和靳庆军两人身上投票。独立董事方面，张民获得4.60亿股支持，肖祖核获得3.855亿股支持（图6-4）。这一局面暗示：两拨中小股东确实早有合作。不仅如此，采用网络投票形式和中小股东代表的奔走呼号，显然鼓动了更多的中小股东参与自身合理利益的保卫战。

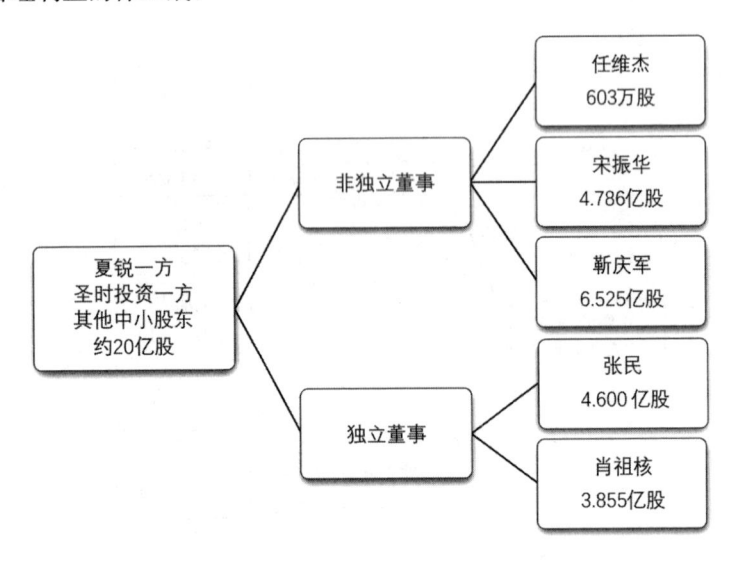

图6-4 中小股东一方候选人所得票数[①]

---

① 深圳证券交易所：《深康佳A：2014年年度股东大会决议公告》[EB/OL].（2015-05-29）.http://www.szse.cn/disdosure//listed/bulletinpetail//index.html?ca91863e-d76a-4a9a-b08f-b7c51247496e.

从票数分布上看，如果华侨城一方不轻敌，也不至于丢掉董事局的控制权。在非独立董事的选举上，如果华侨城一方只追逐三席，3名非独立董事候选人的平均得票将达4.96亿股，均超过宋振华的4.786亿股支持。在独立董事的选举上，如果华侨城愿意放弃一个席位，剩下2名独立董事候选人的平均得票将达5.8亿股，远超张民和肖祖核。如此一来，华侨城依旧能占据5个席位，从而牢牢控制住董事局。

然而，第八届董事局的换届选举已尘埃落定，胜负已分。华侨城为自己的傲慢付出了代价。这是有史以来中小股东联合成功"夺权"的第一次胜利。然而，对于中小股东而言，考验远没有结束。

摩拳擦掌，中小股东的一系列行动

股东大会结束后，由于事态变化太过剧烈，原定于当天举行的董事局第一次会议被延迟至6月4日。会上，华侨城与中小股东仍针锋相对。完全不了解彩电行业的张民在4票同意、1票弃权、2票反对的情况下"强行"当选新一任董事长。

实际上，包括时任自贡市信用投资担保有限公司总经理的张民在内，新晋董事们大多没有在彩电行业的从业经历。肖祖核是一名注册会计师，靳庆军则深耕于律师行业。在中小股东一方的4名董事中，只有宋振华对彩电行业比较熟悉，他当时的工作岗位是康佳集团多媒体事业部网络运营部总经理,此外,他还是智能终端运营平台的总经理。

投资者普遍担忧新董事们能否对康佳投入足够的时间、精力与热情。董事们选择以实际行动表明决心,履新后的第一项举措就是推出股权激励计划。此前,华侨城受制于国企身份,在推动康佳股权激励上进展迟滞。新董事们从此入手,在一定程度上消除了敌意,获得了更多的支持。

股权激励计划推出之后,中小股东与华侨城实现初步和解,张民主动辞去董事长一职,由公司原总裁刘凤喜接任。两周连换两个董事局主席,给中小股东招来不少国内资本市场和彩电行业的非议。

不过,事态似乎仍在中小股东的掌控范围内。夏锐向媒体表示,董事局换届选举刚结束时,华侨城和中小股东对未来团队搭建的考虑都还不成熟,所形成的董事局架构是过渡性的。刘凤喜的接任并不意味着权力重心就此偏向华侨城。在刘凤喜升任董事长的同时,总裁一职由中小股东代表特意请回的刘丹担任,中小股东推举的董事宋振华以及与宋振华同部门的林洪藩也成功担任副总裁。此外,公司原财务总监黄志强选择辞职。中小股东认为,他们以一个董事长的职务,成功实现了对经理层的洗牌,对康佳的管控能力也进一步增强。

然而,这种翻云覆雨的手段,既费心、费力,取得的成效又不能直接反馈到财务报表上，甚至在各大企业为了"金九银十"狂推新产品的时候，康佳的发布会只有大段大段的发展战略。中小股东采取的一系列动作，实在算不上深谋远虑。

值得庆幸的是，中小股东代表刚上任时竖起的"拥抱互联网+"的旗帜依然鲜明。2015年9月16日，康佳与天猫达成合作伙伴关系，并签署互联网电视商务合作协议。在接下来的36个月内，双方将合作在康佳产销的智能电视产品中预装阿里巴巴家庭娱乐服务平台。康佳对此次合作抱有极高的期待，希望以此增加公司智能电视产品的销量，同时获得运营收入分成，从而拓宽公司收入渠道、增加公司收入。

公告中还特意提及：尽管智能电视产品中的阿里巴巴家庭娱乐服务平台将由天猫公司进行内容和服务的运营，但康佳销售的其他智能电视产品软件将继续自主进行内容和服务的运营，因此该协议对康佳业务的独立性没有影响，公司的主要业务也不会因履行协议而对天猫公司形成依赖[①]。无怪乎此，隶属于阿里巴巴的天猫实力强劲，而商海沉浮中，既忌讳你的盟友不强，又忌讳你的盟友太强。昔日的彩电行业龙头——康佳，是要借他山之石攻自己的玉，而不是变成只能攀缘于互联网大企业的菟丝花。

---

① 深圳证券交易所：《康佳集团股份有限公司关于签订合作协议的公告》[EB/OL].（2015-09-16）.http://www.szse.cn/disclosure/listed/bulletinDetail/index.html?dc5ab25c-db81-4ae7-8e0d-cb6d1d538b3f.

沉疴难起，胜负早有定局

然而，大半年的高层内斗已经影响了公司的正常经营，削弱了公司的竞争力。与彩电行业整体上扬的经营业绩不同，康佳的盈利能力持续下降。2015年第三季度报告显示，公司的净利润亏损高达8.5亿元，同比下降1 891.14%。这一年度的巨亏已成定局，康佳的前途岌岌可危。

公司内部人士将矛头对准了刚上任的集团总裁刘丹。刘丹曾在康佳任职，是一名出色的市场营销干将，但他是一位合格的集团总裁吗？刘丹认为，康佳是一家老牌国有家电企业，体制和机制问题突出，提出要烧"三把火"——抓新品和爆品、子公司的股权改革、营销变革。然而，要通过激烈的改革让一家老企业焕发出新活力，天时、地利、人和缺一不可。身处"内忧外患"中的康佳显然不具备上述条件。在内部人士眼中，刘丹上任后，公司人事方面剧烈动荡，不到3个月的时间就发布了上百则人事调整的通知。中层管理人员严重受创，多个部门的总监和副总监被换掉，高层领导的业务分管范围被重新打乱分配。公司上下风声鹤唳，引发空前的离职潮，大量人才流失。频繁的人事变动导致整个公司运营混乱、效率低下。

2015年9月10日，在康佳第八届董事局第五次会议上出现建议暂停刘丹继续任职总裁的提案，该提案获得5票赞同、2票反对。这意味着原来同属一个阵营的4名中小股东代表董事开始分裂。由圣时投资和国元证券提名的董事靳庆军、肖祖核赞成提案，与3名华侨城方代表站在了同一战线上。

履职不到3个月就被暂停职务的刘丹，面对媒体时泰然自若，称支持一切按照董事局的规则办事。他说："在同股同权的机制下，中小股东入主董事局的案例，康佳是第一个，当时他们找我时，我想既然是第一个，那不管是先驱还是先烈，总得有人去做。"

那次董事局会议上还出现了一份要求提高董事和监事年薪的提案，要求将董事局主席的基本年薪标准定为人民币120万元，其他董事的津贴标准定为人民币30万元。张民和宋振华提出，公司目前亏损较大，不应此时提高薪酬，但该提案依然以"5票同意、0票弃权、2票反对"获得通过。

中小股东内部，你嫌我识人不清、用人不当，我嫌你急功近利、贪得无厌。道不同不相为谋，以夏锐为首的中小股东被架空，圣时投资和国元证券阵营与华侨城达成一致协议。回顾四个月前，中小股东之所以能在董事局中占据4席位置，正是得益于两拨中小股东的联合操作。如今，夏锐等人与圣时投资和国元证券的分裂意味着企业高管团队也将迎来重新洗牌。

2015年9月25日，康佳发布公告称，公司董事兼副总裁宋振华因个人原因，辞去在康佳的所有职务。此时的康佳，自9月11日股票复牌后，已连续获得7个跌停板，持有康佳股票的股东怨声载道。2015年9月28日，康佳董事局的格局因张民的辞职彻底发生改变。此时，夏锐等一方推举的人员全部失去董事席位，仅圣时投资和国元证券与华侨城两方的董事席位仍然保留。

2015年10月20日，华侨城提名的王友来成为第八届监事会非职工监事，何海滨为第八届董事局非独立董事候选人，孙盛典为第八届董事局独立董事候选人。其中，王友来、何海滨均在华侨城担任高管职务。至此，在康佳董事局的席位争夺战中，大股东华侨城获得最终胜利，中小股东以利益联结为基础的同盟分崩离析，"庶民的胜利"最终沦为"百日维新"。

天之亡我，非战之罪也

中小股东的骤起骤落，正暗合了康佳盛极转衰的历史发展轨迹。在夺权风波开始时，老牌家电企业康佳正经历着由传统企业向互联网转型的关键节点。业绩下滑已成定势，又不得不应对小米等互联网巨头在智能电视领域的冲击。大股东华侨城、康佳原有管理团队和中小股东上演的这场内斗，其实是在大牛市行情之下，改革势力与保守力量在冲突博弈中前行的历程。

时任董事局主席的张民在与高管和骨干员工的座谈会上，曾对"康佳中小股东散兵游勇"的网络论调一笑置之。风波之中，张民表态，两拨中小股东从未放弃达成"一致行动人"的努力，他们将普通员工、骨干员工、管理层、全体股东的出路扛在肩上，发自肺腑地希望改善公司的治理结构，以恢复康佳往日的辉煌。

但客观地说，中小股东持有公司股票的初衷和终极目的，就是获取股价上涨后的差额利润。华侨城不但没有保障中小股东的利益，甚至还与他们争利，这才使得中小股东不得不"起义"。事实证明，情绪是有力量的，怨气深积、怒火滔天也可以使山河变色、日月换新天。但要经营好一家公司，只有一颗颗狂热的心远远不够，还要有战略、人才、技术、资源等。中小股东先天不足，眼界又太高，还要压制自己攫取短期利益的本性，内部的矛盾与冲突几乎不可避免，最终溃败也是历史必然。况且华侨城主导康佳20多年，实力毋庸置疑，夺回控制权本就在旦夕之间。

失败来得如此迅速，一部分也要归因于中小股东的顿悟。事实上，中小股东代表在2015年10月20日的股东大会上悉数离场，不乏与华侨城握手言和之意。随着公司半年报的发布和股市泡沫的破灭，中小股东更期望公司走向稳定。此时，在康佳根深叶茂、有能力稳定局面的大股东华侨城再次被寄予厚望。

纵观这场风波，没有赢家。中小股东的实践验证了公司经营不是纸上谈兵，他们没能找到适合康佳的前进方向，手中的股票也一再贬值。对于重新夺回控制权的华侨城而言，收拾残局的工作也不会轻松到哪儿去，原本就处于转型节点的康佳的前途更加扑朔迷离。

不过，从公司治理角度而言，这开启了中小股东夺得上市公司董事局控制权的新篇章。正如本章开篇中小股东代表之一孙祯祥所说，"只要公司往后能够重视中小股东的意见，能够更加重视互联网方向，那就足够了"。康佳的案例对于其他独断专行的大股东和止步不前的公司而言，不失为一种警醒。

在康佳2019年度股东大会上，已经看不到关于累积投票制的只言片语，但五年前中小股东夺权的余威仍在。即便中小股东的维权之路没有通向光明，但前事不忘、后事之师，已有的事，后必再有；已行的事，后必再行。

越宏大的叙事，越需要长久的铺垫。一切才刚刚开始。

思考题

1. 如果康佳中小股东在2015年5月28日的股东大会上成功争取到1~3个董事局席位，而未获得主导地位，后续的事态发展是否会比现实中更好？

2. 累积投票制推行的意义是什么？

3. 中小股东的"短视"（过于重视短期利益）是否可以避免？若可以，如何避免？若不可以，请说明原因。

第六章 康佳：累积投票制和网络投票，中小股东的维权之路

康佳大事记

·1980年5月，康佳的前身"广东光明华侨电子工业公司"成立，是改革开放后第一家中外合资电子企业。

·1989年，公司更名为"深圳康佳电子公司"。

·1992年，康佳A、B股股票相继在深圳证券交易所上市，股份制改造完成。

·20世纪90年代末，康佳成为深圳第一个产值过百亿的工业企业，连续5年霸榜国内彩电销量第一名。

·2009年，康佳跨过荣衰分水岭，经营每况愈下，企业动荡不断，高层更换频繁，仅3年内就经历了侯松容、吴斯远、陈跃华三位董事局主席的更迭。

·2014年，康佳营业收入不足200亿元，远逊于营业收入1 077亿元的TCL，亦被营业收入达300亿元的长虹抛在后面。市值情况则更为尴尬，康佳市值仅有100多亿元，与市值1 170亿元的美的、1 050亿元的格力相去甚远。

·2015年5月28日，康佳第八届董事局成员选举结束，由中小股东提名的2名非独立董事、2名独立董事，成功控制了董事局，打破了华侨城一家独占7个席位的格局。这是中国证券史上首次出现中小股东成功逆袭央企的案例。

·2015年5—10月，中小股东代表上台之后仍然难以改善公司的经营状况，中小股东阵营内部逐渐分化。

- 2015年10月20日，多名中小股东代表相继辞职后，控股股东华侨城重新占据7个董事局席位中的5席，中小股东"夺权"运动最终失败。

- 2017年，康佳正式启动大彩电业务公司化运作，开启科技产业园区的开发与运营，公司全年整体销售收入达350亿元。

- 2018年，康佳确定"一个核心、两条发展主线、三项发展策略、四大业务群组"的核心战略，制定五年千亿营收目标，收购新飞电器，旗下互联网事业部引入阿里巴巴的战略投资，公司全年营收超过460亿元。

- 2019年，康佳成立重庆半导体研究院，彩电业务成功推出高端品牌Aphaea（阿斐亚），公司全年营收超过550亿元。

- 2020年，康佳首款自主研发存储主控芯片量产，发布全球首款Micro LED手表，成功建立AIoT综合实验室、5G超高清实验室。

- 2021年，盐城半导体存储封测基地落成，纳米微晶石业务转型，康佳正式布局进入光伏产业。

第七章 上海电气：没有控股权的控股

王威

- 第1招：步步为营
- 第2招：借用良言
- 第3招：抽丝剥茧
- 第4招：有的放矢

扫码出招
看公司治理如何反败为胜

烈日灼心，想来是上海电气集团股份有限公司（简称"上海电气"）总裁黄瓯自杀前最后的心路历程。

盛夏的阳光炙烤着黄瓯黯淡浊黄的眼眸，这一刻，对股市而言不过又是起起伏伏的寻常时刻，于他而言却是一辈子心血的坍塌瞬间。忆往昔峥嵘岁月，今夕却如黄粱一梦！那些响亮的声誉、世人的赞赏、社会的认可、卓著的功勋，如今反而如面目狰狞的嘲笑，越是功成名就，越是尖酸刻薄，他已不敢再抚今追昔，只因现实的沉重压得他无法呼吸。

霎时，他的世界天旋地转，万念俱灰。商业帝国里庞大的身躯，慢慢倒在黄昏泯灭后的黑暗里。

应收账款减值与总裁跳楼自尽

在老一代上海人的记忆中，坐落在上海西南部的闵行区流传着"四大金刚"的说法——上海电机厂、上海汽轮机厂、上海锅炉厂和上海重型机器厂，它们共同见证了上海制造业的成长。在20世纪80年代国企改革的浪潮中，"四大金刚"成为组建上海电气的重要资产部分，也奠定了后者在国内制造业领域举足轻重的地位。

然而专网通信的爆雷，也正是从上海电气这个百年国企开始的。2021年5月30日，上海电气宣布其控股子公司上海电气通讯技术有限公司（简称"电气通讯"）应收账款普遍逾期，86.72亿元款项可能无法收回，22.3亿元的账面存货可能无法变现，向电气通讯提供的股东借款77.93亿元（表7-1）也存在巨大损失风险，数额之大令人瞠目结舌。

表7-1 电气通讯向上海电气借款的详细情况

合同编号	借款金额/亿元	借款时间	到期时间	借款用途
JK20190510	3.00	2019年5月10日	2022年5月10日	补充流动资金
JK20190621	1.90	2019年6月21日	2022年4月15日	补充流动资金
20202100013	1.50	2020年12月14日	2021年12月14日	补充流动资金
20202100072	6.50	2020年12月14日	2021年12月14日	补充流动资金
20202100074	6.91	2020年12月14日	2021年12月14日	补充流动资金
20202100076	3.50	2020年12月18日	2021年12月18日	补充流动资金
20202100081	8.80	2020年12月29日	2021年12月29日	补充流动资金
JK20210219	0.45	2021年2月19日	2022年2月23日	补充流动资金
JK20210302	1.00	2021年3月2日	2022年3月3日	补充流动资金
JK20210315	7.00	2021年3月15日	2022年3月15日	补充流动资金
JK20210319	2.30	2021年3月19日	2022年3月19日	补充流动资金
20210100038	5.84	2021年3月26日	2022年3月26日	补充流动资金
20210100043		2021年3月31日	2022年3月31日	补充流动资金
20210100044		2021年3月31日	2022年3月31日	补充流动资金
20210100060		2021年4月21日	2022年4月22日	补充流动资金
JK20210514	0.02	2021年5月14日	2022年5月13日	补充流动资金

续表

合同编号	借款金额/亿元	借款时间	到期时间	借款用途
JK202105015	3.02	2021年5月15日	2021年11月14日	偿还邮储银行贷款
沪电总-综管-202105-011	25.88	2021年5月27日	2021年8月26日	补充流动资金
JK20210528	0.05	2021年5月28日	2022年5月27日	补充流动资金
JK20210601	0.08	2021年6月1日	2022年5月31日	补充流动资金
JK20210602	0.02	2021年6月2日	2022年6月1日	补充流动资金
JK20210603	0.16	2021年6月3日	2022年6月3日	补充流动资金
合计	77.93			

数据来源：中登网。

2019年5月10日至2021年5月28日，上海电气分19次向电气通讯借款（或委托借款）77.67亿元，爆雷事件后的6月1日至3日，又有3笔合计2 600万元的借款，借款用途几乎全部是"补充流动资金"。

显示为2019年的两笔借款分别为3亿元、1.9亿元，约定的借款期限均为3年左右，而其他借款的期限大多为一年整。这两笔借款所用的合同版本，与上海电气在2021年2月、3月向电气通讯提供的4笔借款的合同一致，均为4页纸的简版，且部分笔迹十分相似。2020年12月，上海电气与电气通讯签署了5份《借款合同》，使用的则为12页纸的版本，各条款约定非常详细。如果剔除显示为2019年的两份3年左右期限的借款合同，可以发现，上海电气对电气通讯的借款集中在

2020年12月、2021年2月中旬至3月、2021年5月，总额高达73亿元。

在企业实际运营过程中，经常遇到为支持子公司或参股公司而向其提供借款的情形。上市公司高管经常把此类借款行为视作内部交易，特别是对子公司提供财务资助。因为在合并报表中，借款行为不会对资产、负债、权益以及经营成果产生重大影响，因而这类上市公司与子公司或参股公司之间的资金往来与财务资助事项，在考虑审议披露要求时极易被公司高管忽视。事实上，这种做法是违规的。

根据上市公司自身持股比例以及能否合并报表，可以将被资助方分为合并报表范围内的全资子公司、控股子公司以及非合并报表范围内的参股公司三类。对于向参股公司提供财务资助，与向第三方提供财务资助的情况类似，均须履行相应的审议披露程序。因此，上海电气向电气通讯借款却无任何披露信息，实质上是违反披露规定的，后续将根据其股权结构做进一步讨论。

在上海电气应收账款爆雷的短短三个月后，2021年8月5日，黄瓯跳楼自杀。据新闻报道，2021年7月30日，黄瓯自杀未遂。

"我的诉求不是说要证明我老公的清白，我的诉求是要知道我老公犯了什么错。你说他（犯了）什么罪，我认，但要把证据拿出来，彻查。如果他犯错了、犯罪了，给国家、社会、股民带来任何损失，我认。我把房子卖了，把我所有理财产品、金融产品卖了（还钱）。"黄瓯离世后，他的妻子的争辩似乎昭示着黄瓯与此次专网通信的爆雷密切相关，只能以死谢罪。

黄瓯是上海电气的总裁，其背后是上海电气整个管理层的决策。也许黄瓯只是在风口浪尖上，被庞大的机器裹挟到舞台前的那枚小小的螺丝钉。

70多亿元应收账款减值的公布，对市场情绪产生了强烈的冲击。黄瓯的自杀，更强化了这一负面情绪。这一切，都与上海电气的公司治理问题息息相关。

"徒有其表"的大股东

从电气通讯出发，我们首先研究其股权结构。从图7-1可见，上海电气对其控股40%，从股权结构的角度来看，母公司上海电气对电气通讯的经营决策具有决定性作用。

但是仔细考察可以发现，上海电气对电气通讯的控制有一些力不从心，无法从权利上和根本上对其形成有效的内部控制。首先，电气通讯无法通过内部控制对重大交易事项进行监督，更加无法及时提供经营状况给管理者、股东和母公司。其次，电气通讯这次爆雷，与管理层有着莫大的关系，内部控制的缺失导致上海电气未能及时发现管理层的错误决策，没有在事态尚未严重时及时制止。

而上海电气是以上海市国有资产监督管理委员会为实际控制人的国有企业（图7-2），其资产实力雄厚，本应对子公司的管控有更高的要求，但电气通讯的企业性质是其他有限责任公司而不是国有独资企业。因此，对国有资产的管理监督有一定程度的缺位和无法触及之处。

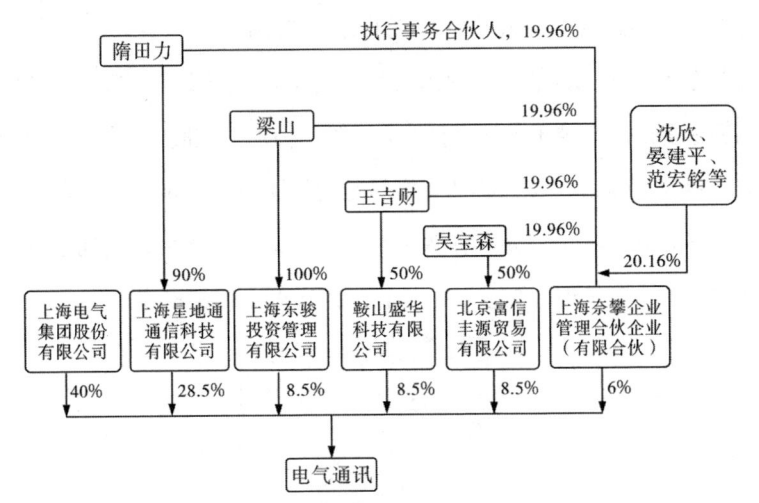

图7-1 上海电气通讯技术有限公司股权结构

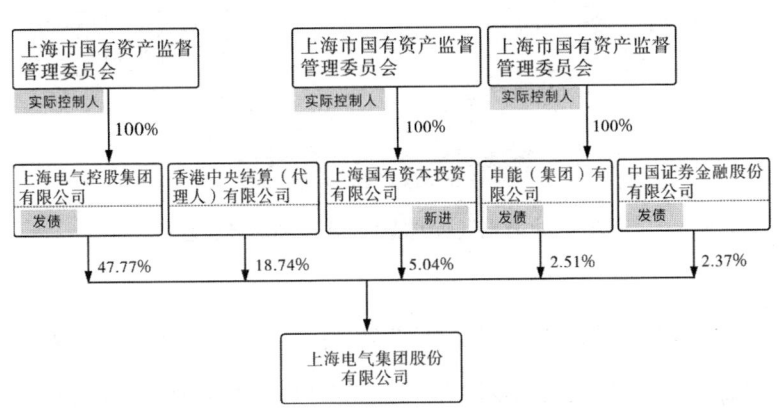

图7-2 上海电气集团股份有限公司股权结构

与股权结构联系紧密的，是最终受益人。一般来说，公司最终受益人指的是股东，并且大部分公司认为依据控股股东追溯到的实际控制人为最终受益人。电气通讯的特殊之处在于，其最重要的控股股东上海电气并非电气通讯的最终受益人。相反，电气通讯持股比例最多的却是隋田力这个自然人。隋田力通过控股90%上海星地通通信科技有限公司（简称"上海星地通"）这个专网通信产业链中的特殊存在公司，以及其作为最终受益人的投资平台，实现了对电气通讯的个人掌控，实际上拥有了一票否决权（图7-3）。

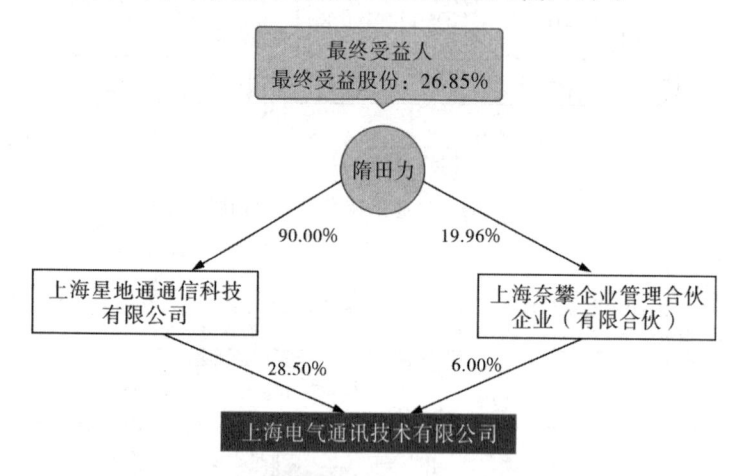

图7-3 上海电气通讯技术有限公司最终受益人

我们再来看看电气通讯的经营管理层。上海电气派出公司副总裁陈干锦出任电气通讯董事长，沈欣担任电气通讯董事、总经理，监事梅建中来自上海电气审计部。另外五名董事梁山、吴宝森、晏建平、桂江生、王吉财是电气通讯的第三大股东至第六大股东。其中，梁山、王吉财、吴宝森始终担任电气通讯董事会成员（表7-2），这三人分别是上海东骏投资管理有限公司、鞍山盛华科技有限公司、北京富信丰源贸易有限公司的实际控制人。从董事会的构成来看，上海电气在电气通讯的董事会话语权与其40%的股权比例并不匹配。

表7-2 电气通讯主要人员变动

序号	变更日期	实质变动	变更前	变更后	退出	新增
1	2021年1月19日	董事备案	沈欣,吴宝森,晏建平,吕亚臣,郑英霞,王吉财,梁山	王吉财,晏建平,梁山,吴宝森,陈干锦,桂江生,沈欣	吕亚臣,郑英霞	陈干锦,桂江生
2	2020年1月7日	监事备案	张应荣,范宏铭	范宏铭,梅建中	张应荣	梅建中
3	2020年1月7日	董事备案	晏建平,王吉财,梁山,吴宝森,吕亚臣,沈欣,梅建中	吴宝森,沈欣,梁山,晏建平,吕亚臣,王吉财,郑英霞	梅建中	郑英霞
4	2019年4月3日	董事备案	姚荣生,吕亚臣,沈欣,梁山,梅建中,王吉财,吴宝森	沈欣,梁山,吕亚臣,吴宝森,王吉财,梅建中,晏建平	姚荣生	晏建平
5	2018年6月19日	经理备案	—	沈欣	—	沈欣

续表

序号	变更日期	实质变动	变更前	变更后	退出	新增
6	2018年6月19日	董事备案	梁山,吴宝森,肖卫华,梅建中,王吉财,姚荣生,吕亚臣	梁山,王吉财,吴宝森,梅建中,吕亚臣,姚荣生,沈欣	肖卫华	沈欣
7	2016年2月23日	董事备案	梁山,吴宝森,姚荣生,王吉财,吕亚臣,肖卫华,徐迎春	吴宝森,梁山,王吉财,姚荣生,吕亚臣,肖卫华,梅建中	徐迎春	梅建中

数据来源：天眼查。

仔细研究隋田力通过投资上海奈攀企业管理合伙企业（有限合伙）（简称"上海奈攀"）来实现控制电气通讯的做法，笔者发现一件非常微妙的事情。

上海奈攀出资比例最高的4人（也是最先出资的4人）中，吴宝森、梁山、王吉财3人作为同样掌握电气通讯8.5%的股权对公司经营决策具有重大影响的投资方，和隋田力的出资比例相同，但隋田力本人并未在上海奈攀任职。

上海奈攀成立于2019年1月4日，法定代表人是隋田力，注册资本为2 539.99万元。成立之初，上海奈攀的股东仅有4人，分别是隋田力、吴宝森、梁山和王吉财。3个月之后，即2019年4月3日，上海奈攀成为电气通讯的新股东，持股比例为6%。

2019年7月10日，电气通讯原总经理沈欣、原财务总监毛利民、原营销总监兼商务部部长金航成为上海奈攀的新股东，分别持股3.83%、3.17%和0.75%。另外，上海奈攀新增的13名股东还包括电气通讯的董事晏建平、监事范宏铭、原监事张应荣等人（表7-3）。而数据显示，实际上，上海奈攀只投资了电气通讯这一家公司。

表7-3 上海奈攀企业管理合伙企业（有限合伙）股权结构

序号	股东	投资数额/万元	出资比例/%	认缴出资日期
1	吴宝森	506.939 5	19.958 3	2038年12月12日
2	梁山	506.939 5	19.958 3	2038年12月12日
3	王吉财	506.939 5	19.958 3	2038年12月12日
4	隋田力	506.939 5	19.958 3	2038年12月12日
5	沈欣	97.366 2	3.833 3	2038年12月12日
6	晏建平	80.433 0	3.166 7	2038年12月12日
7	毛利民	80.433 0	3.166 7	2038年12月12日
8	张应荣	63.499 7	2.500 0	2038年12月12日
9	范宏铭	63.499 7	2.500 0	2038年12月12日
10	吴晓云	19.049 9	0.750 0	2038年12月12日
11	杨啸俊	19.049 9	0.750 0	2038年12月12日
12	金航	19.049 9	0.750 0	2038年12月12日
13	黄晖	19.049 9	0.750 0	2038年12月12日
14	方浩亮	12.700 0	0.500 0	2038年12月12日
15	杨青	12.700 0	0.500 0	2038年12月12日
16	王圣易	12.700 0	0.500 0	2038年12月12日
17	蔡英	12.700 0	0.500 0	2038年12月12日

数据来源：天眼查。

综观上述股东的背景，上海奈攀更像是隋田力为电气通讯经营管理团队搭建的持股平台。隋田力本人虽不在公司任职，但成了公司的实际受益人，这不免让人生疑：上海奈攀是否成为隋田力用来掌控电气通讯话语权的利益工具？

电气通讯是上海电气的子公司。上海电气作为国企，在已经向子公司派出高管担任董事和监事的情况下，仍出现爆雷，不免让人心生疑惑：母公司高管是否认真履职？是否对隋田力及其他重要股东的资质进行过严格审查？是否对子公司涉及的内幕交易进行过仔细审核？

上海电气作为控股40%的实际控制人，可能真正的目的是合并报表，但不参与电气通讯的运作，空有大股东地位，这可能演变成国有股东对民营股东进行利益输送的方式。

现行法律和监管规则对"提供财务资助"这类交易事项的审议披露要求相对特殊，并非在任何情况下都可以被视作内部交易而豁免履行审议披露程序。按照电气通讯的股权结构安排，表面上，上海电气40%的持股比例可以使得83亿元的借款不经过公告，但深挖其股权结构会发现，上海电气实际上只是参股子公司，而非控股子公司。因此，83亿元的财务援助已经实质上构成关联交易，应当披露关联交易信息。

2022年12月26日，上海电气正式发布《关于收到〈行政处罚决定书〉的公告》。公告中也提到：

"截至2021年4月30日，上海电气已知悉其可能因电气通讯开展专网通信业务产生的应收账款逾期等而发生经营业绩亏损或大幅变动。在《上市公司信息披露管理办法》（证监会令第182号）于2021年5月1日施行后，上海电气应依据《证券法》第八十条第一款、第二款第十二项，《上市公司信息披露管理办法》第二十二条第一款、第二款第十项、第六十二条第一款第三项的规定，在不晚于2021年5月7日披露上述重大事件，但其直至2021年5月30日才发布《关于公司重大风险的提示公告》，对电气通讯应收账款无法收回、存货无法变现等可能对公司的归母净利润造成损失的重大风险予以公告，属于未按规定及时履行信息披露义务。"

股权结构的特殊安排，也为电气通讯的最终爆雷埋下隐患。

股权安排：形成利益交换的隐蔽方式

黄瓯之死与80多亿巨款的不翼而飞，让我们不得不慎重地思考上海电气爆雷背后的原因。究竟是什么样的背景，能让一个行业集体爆雷、自上而下无一幸免？继多家上市公司自曝后，专网通信领域的雷究竟还有多少？沿着公司和业务的脉络，拨开错综复杂的关系网，你会发现，爆雷的专网通信上市公司之间看似迷雾重重，实则最后都指向一个自然人——隋田力。

隋田力出生于1961年8月，大专学历，1979—1994年在部队服役，复员后被安排到江苏省政府工作。1998年11月，他任职上海星地通讯工程研究所所长，一干就是10年。2007年，隋田力"下海"经商，成立南京三宝通信技术实业有限公司。随后，他又先后出资设立江苏省国信大江科技有限公司、新一代专网通信技术有限公司、江苏省圣迪创业投资有限责任公司、上海星地通通信科技有限公司、北京赛普工信投资管理有限公司、航天神禾科技（北京）有限公司、上海奈攀企业管理合伙企业（有限合伙）、深圳天通信息科技有限公司、北京海典科技发展有限公司等。

  在专网通信产业链中，一些上市公司的背后都有隋田力的影子。上海电气仅持有电气通讯40%的股权，隋田力控制下的上海星地通则持有电气通讯28.5%的股权。上海星地通和电气通讯也存在上下游关系。普天信息旗下的上市公司宁通信B（股票代码：200468），于2016年与电气通讯等公司签订供货合同，累计供应6 500套多网状云数据处理通信机。而宁通信B 2016年的第二大供应商，正是上海星地通，交易金额为1.17亿元[①]。

  电气通讯应收账款逾期的下游主要客户有南京长江电子信息产业集团有限公司（简称"长江电子"）、富申实业公司（简称"富申实业"）、环球景行实业有限公司（简称"环球景行"）、北京首都创业集团有限公司贸易分公司（简称"首创贸易"）、哈尔滨

[①] 王晓悦.清流|专网通信"惊雷"：神秘人串联14家上市公司 交易真实性成谜 [EB/OL]．（2021-07-28）. https://www.163.com/money/article/GFVRDV9A00258299.html.

工业投资集团有限公司（简称"哈尔滨工业投资"）、航天神禾科技（北京）有限公司（简称"航天神禾"）等（图7-4），上游逾期供货的供应商主要是上海星地通通信科技有限公司、重庆博琨瀚威科技有限公司、浙江鑫网能源工程有限公司、新一代专网通信技术有限公司、上海海高通信股份有限公司（简称"海高通信"）和宁波鸿孜通信科技有限公司。

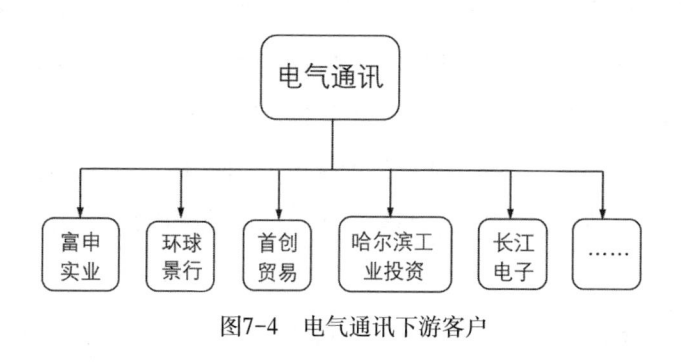

图7-4　电气通讯下游客户

其中，航天神禾、上海星地通、海高通信都是隋田力控制的公司，而富申实业、长江电子等是隋田力推荐或者担保的公司。

从2021年5月底开始，国内10多家上市公司相继发布风险提示公告，称公司或子公司经营的专网通信业务的部分合同存在执行异常，以及应收账款逾期。据不完全统计，涉事的上市公司超过15家，上海电气、宏达新材、瑞斯康达、中天科技、汇鸿国际集团、凯乐科技、中利集团、康隆达、华讯方舟、新海宜、普天通信、航天发展、江苏舜天、浙大网新、亨通光电等均牵涉其中，涉及金额高达900多亿元，震惊资本市场。

专网通信是指在特定区域进行信号覆盖的专业网络，它可以有效地弥补公网通信无法涉及的领域。专网通信有别于面向公众的公网通信，其通信网络一般是专有的、专用的。它的主要应用领域包括政务、公共安全等，对保密性、安全性、可靠性有特殊要求。人们日常使用的4G、5G是公网，而政府、公安、机场、矿山等企事业单位出于应急、安全等不同目的采用独有的信道、设备等资源搭建的专属网络是专网。专网的业务不仅包括语音和数据，还包括应急通信、指挥调度、日常工作通信等服务。专网服务小而精的行业性质决定了其业务的高价值，与公网业务相比利润更高，下游客户群体也更加宽泛。

专网通信的概念相对宽泛，大致可以分为三个等级：最高等级的专网通信，把光纤资源、基站/交换机等设备专用于某个业务，比如军网、政务内网，物理资源与公网完全隔离；次高级的专网是光纤共用，部分信道专门辟给专网，但信道彼此隔离；再低一级是信道、设备都共用，但通过VPN（虚拟专用网络）把部分带宽专门辟给专网，实现网络和数据隔离。因此，多家公司利用军工涉密信息披露豁免的法律条例，将信息披露置于隐秘状态。

爆雷的上市公司（表7-4）都有着共性：大多为国资背景，专网通信是近年的新增业务，均位于专网通信产业链的中游；业务模式均为通信设备的加工、组装、检测及销售；表面上从事专网通信业务，实际做的是"空手道"的融资业务。

表7-4 爆雷的上市公司（部分）进军专网通信的方式

上市公司	进军专网通信业务的方式
上海电气	控股子公司上海电气通讯技术有限公司
宏达新材	全资子公司上海鸿翥、上海观峰
瑞斯康达	全资子公司北京深蓝迅通科技有限责任公司
国瑞科技	多网状云数据处理通信机业务
中天科技	控股子公司南通江东电科通信有限公司
凯乐科技	全资子公司湖南凯乐应急信息技术有限公司
汇鸿国际集团	控股子公司江苏汇鸿国际集团中锦控股有限公司
中利集团	参股公司江苏中利电子信息科技有限公司
康隆达	控股孙公司北京易恒网际科技发展有限公司

上海电气等上市公司爆雷，实际上并不是母公司出了问题，而是其控股、合营、联营等的子公司、孙公司出了问题。子公司出问题拖累总公司，最重要的原因就是子公司和总公司之间存在强关联关系与关联交易，甚至还出现密切的资金往来和担保交易等。如果母公司和子公司之间没有形成有效的配合和沟通，很有可能发生无法挽回的"黑天鹅事件"。

就一般的专网通信业务来说，上游供应商主要提供电子元器件、IC阻容件等原材料，下游客户能够直接触达，能够明确公司产品的主用途，即便涉及公安部门。相关公司的专网通信产品都是自主研发的，自己生产所有硬件、开发所有软件并完成相关产品的整体组装，直接触达最终客户。专网通信处于通信业务整体产业链的中游，完成对通信设备的二次加工与组装，组装结束后进行通信信息检测与最终的实体销售和网络销售。采用先付款后定做的行业规定，确定好销量后再进行产量的确定，当下游客户确定好商品的销量后，通信业务员向上游供应商进行原材料的定制和购买。

此次专网通信风暴中的10多家企业都采用"上下游"的结算模式。根据行业规定，专网通信公司在向上游供应商购买原材料时，必须支付大部分乃至全部货款；但将产成品销售给下游客户，却只预收10%的货款，剩余的90%货款，在客户验收货品后7天内支付。这种不平等的交付模式导致应收账款数目激增，一旦下游客户多项应付账款不到位或是上游供应商不能提供原材料，就会出现坏账，从而导致崩盘[1]。如果上游供应商突然不供货，下游客户提货后不支付剩余款项，或直接不准备提货，中游企业就会纷纷出现坏账。

实际上，在专网通信风暴涉及的上市公司的财务报表中，预付账款占营业收入的比重明显飙升，有些甚至达到80%~90%。预付账款比例过高，导致企业资产虚高，有抽逃公司资金的风险，还会导致公司流动资金变少，资金链不流通，一旦资金链断裂，就会爆雷。

---

[1] 时虎，戴中将，孙雪斌.上市公司案例分析——以上海电气通讯公司为例[J]. 营销界，2022（5）：101-103.

久而久之，这种行业内默认的交易模式成了潜规则。由于专网通信行业本身具有机密性与专业性，所有上市公司只能接受这种市场规则。这次平地起惊雷，正是与这种交付方式密切相关。这种灰色的市场规则，暗示着背后纵横交错的阴暗关系。

融资性贸易：瞒天过海的敛财手段

2022年1月7日9时45分，上海市第一中级人民法院开庭公告中，有一条消息格外引人注目："2018年，吕亚臣利用职务上的便利，为谋取个人利益，指使下属公司负责人通过开展融资性虚假贸易，将1 567.6万余元电子商业承兑汇票挪用给相关公司使用。"这一判决无疑将专网通信行业中的财务黑幕事实摊开，印证了人们的分析与猜想。人们重新将目光聚焦于一种违规商业手段——**融资性贸易**。

融资性贸易，是多家公司之间借贸易之名，行拆借融资之实。参与贸易的各方主体在商品及服务的价值交换过程中，依托货权、应收账款等财产权益，综合运用各种贸易手段、金融工具及担保工具，达到获得短期融资或增持信用的目的，从而增加贸易主体的现金流量[①]。

结合上市公司公告中所涉及的欠款主体、欠款金额、业务模式

[①] 凤来仪：董事长被抓，总裁跳楼自杀！这颗900亿的大雷，爆得真惨烈……[EB/OL].（2021-08-07）.https://mp.weixin.qq.com/s/IKMTZGmMTSKRyP45vxuEBA.

等，可以推测出，发生上述巨额逾期应收账款的业务有可能涉及融资性贸易。专网通信行业的保密性和特殊性，给了融资性贸易悄无声息地蔓延的可能性。

电气通讯的经营范围变更中有一条值得关注，即附注要求由"经相关部门批准后方可开展"变成了"凭营业执照依法自主开展"，这说明监管的要求大大降低了。这种来自政府的信任使得欲望暗地滋生。在没有监管的灰色地带，融资性贸易悄无声息地蔓延，且无从查证。

中小企业融资难且成本高，而大型国企融资成本相对较低。由于我国法律原则上不允许企业间借贷，于是，一些中小型企业就与大型国企等资金方签订买卖合同，以买卖货物的形式进行融资。大型国企有做大做强贸易量的需求，所以也有做融资性贸易的冲动，在大量的融资性贸易中充当"资金奶牛"的角色。

但是国务院国资委在2018年的《中央企业违规经营投资责任追究实施办法（试行）》中明确指出，禁止央企进行融资性贸易。其背后的原因也是由于这种合作是以融资为目的，一旦实际贸易出现问题，资金链断裂，国企则成为最后的支付人，要承受巨大损失。

贸易真实性是风控的基本要求。上海电气在此次交易中涉及的融资性贸易风险，也反映出其公司治理在风险控制方面存在的问题。风险控制要回到真实贸易中来。确保交易的真实性，不仅要从具体业务操作流程入手，还少不了高新技术的应用；不仅要求合同、发票等材料形式上真实，还要求实操上严格保证信息流、资金流、物流"三流合一"。

2021年3月，普华永道会计师事务所对上海电气年报出具了无保留意见，上海电气及其子公司一切运营正常，不存在重大经营风险。但在2021年5月30日，上海电气公告却称子公司电气通讯存在重大风险，存在应收账款大面积失收、资产负债率过高等经营问题。对于电气通讯故意隐瞒应收账款无法收回的问题，相关审计单位疏于对子公司的资产减值状况和真实运营情况进行尽职调查，没有对公司向下游催款回函的程序性知识进行评价，审计人员也没有注意到子公司应收账款融资和表外融资会计处理是否正确、坏账准备是否计提准确。对这种对应收账款和存款存在大量计提的会计处理，相关审计单位本应非常敏感，却没有完成尽职调查。

尾　声

随着中国证券监督管理委员会处罚通知的正式下达，本次事件也接近尾声。看似黄瓯的死能承担相关责任，背后的利益漩涡却无法深挖。

上海电气事件印证了有效内部核查机制的重要性。管理层应当通过定期检查公司的货币资金、资产受限情况，以及与控股股东、实际控制人及其关联方之间的交易和资金往来等情况，关注财务报告中相关会计科目是否存在异常，核查公司是否存在被控股股东、实际控制人及其关联方占用、转移资金资产或其他资源等侵占公司利益的情形。

从隋田力巧妙安排的股权结构设计，到架空上海电气大股东实权以形成利益交换，再到专网通信产业链中瞒天过海的融资性贸易，直到最后80多亿元应收账款减值的爆雷，一环接一环，皆是上海电气积蓄已久的公司治理问题。

思考题

1. 为什么说上海电气是电气通讯"徒有其表"的大股东？这样的大股东，对电气通讯的好处是什么？

2. 上市公司在对子公司借款时应该履行什么程序？如果董事会召开这种讨论事项会议，事情会怎样？

3. 国有企业如何进一步加强公司治理？

第七章 上海电气：没有控股权的控股

上海电气大事记

·2021年5月30日，上海电气宣布，公司控股子公司上海电气通讯技术有限公司应收账款普遍逾期。

·2021年7月5日，上海电气收到中国证券监督管理委员会对公司的《调查通知书》（沪证调查字2021-1-028号）。因公司涉嫌信息披露违法违规，根据《中华人民共和国证券法》的有关规定，决定对公司立案调查。

·2021年7月27日，上海电气（集团）总公司和上海电气集团股份有限公司党委书记兼董事长郑建华被撤销党委书记职务，并被"双规"。

·2021年7月29日，上海市委组织部原副部长冷伟青就任上海电气党委书记。在宣布冷伟青就职的干部大会上，上海电气党委副书记、执行董事兼总裁黄瓯代表领导班子发言。

·2021年7月30日，黄瓯割腕自杀被发现，送医院抢救。

·2021年8月2日，海高通信发布通告称隋田力失踪，隋田力事件正在被公安部门调查。

·2021年8月5日，黄瓯跳楼自杀。事发前，他曾向妻子透露工作上面临压力，但未细说详情。

·2021年8月23日，51岁的刘平出任上海电气总裁。

·2021年9月8日，因职务调整，伏蓉不再担任上海电气董事会秘书、ESG管理委员会委员职务。上海电气董事、党委副书记朱兆开代为履行公司董事会秘书职责。

·2021年8月26日,上海电气集团股份有限公司原副总裁吕亚臣因严重违纪违法被开除党籍,并被立案审查调查。

·2021年8月27日,上海电气发布半年报,称2021年上半年实现归母净利润-49.7亿元,上年同期为15.2亿元,未能维持盈利状态。

·2021年11月17日,电气通讯原总经理沈欣,原财务总监毛利民,原营销总监、商务部部长金航涉嫌严重违纪违法,接受上海市长宁区纪委监委纪律审查和监察调查。

·2022年4月18日,上海电气披露2021年业绩:全年实现营收1 306.81亿元,同比减少4.29%;实现归母净利润-99.88亿元,上年同期净利润37.58亿元,由盈转亏。

·2022年12月9日,上海电气收到中国证券监督管理委员会上海监管局出具的《行政处罚事先告知书》(沪证监处罚字〔2022〕24号);12月25日,收到《行政处罚决定书》。

第八章
北大方正：「最大校企」的兴衰沉浮

陈思晗

- 第1招：步步为营
- 第2招：借用良言
- 第3招：抽丝剥茧
- 第4招：有的放矢

扫码出招

看公司治理
如何反败为胜

提到方正，人们往往会联想到办公软件中那独占一片天的方正字体，其开发方正是北大方正集团（简称"北大方正"）。北大方正由北京大学投资创办，业务领域横跨金融、房地产、科技、医药等多个产业，坐拥5大产业集团和6家上市公司，曾以一己之力占据中国校办产业近70%的盈利份额，是当之无愧的"中国最大校企"。然而，2020年2月14日，北京银行以北大方正未能清偿到期债务，且明显不具备清偿能力，但具有重整价值为由，向法院申请对其进行破产重整。2月19日，北京市第一中级人民法院依法裁定对北大方正进行重整。经过一年多的协调，2021年10月21日，新方正控股发展有限责任公司成立，北大方正就此摘下"北大"的帽子，退出历史舞台。

从盛极一时到逐渐没落，北大方正无疑是我国众多校办企业的一个典型缩影。20世纪80年代，为顺应改革开放和市场化浪潮、促进高校科技成果转化、推动产业创新发展，政府鼓励高校依托自身优势创办企业，一时之间，校办企业如雨后春笋般涌现。这些校办企业在为高校筹措教育经费、促进科技成果转化和创新人才培养模式等方面发挥了重要作用。然而在实际发展中，由于缺乏制度约束和机构监管，校办企业普遍存在发展模式不清、产权关系不明、管理体制不规范、科技成果转化慢等问题。2018年5月11日，中央全面深化改革委员会审议通过《高等学校所属企业体制改革的指导意见》，要求高等学校所属企业体制改革要坚持国有资产管理体制改革方向，对高校所属企业进行全面清理规范，厘清产权和责任关系，促使高校聚焦教学科研主业，逐步实现与下属公司的剥离。

早已深陷经营困境和债务危机的北大方正自然无法幸免，破产重整或许是其最好的结局。然而，人们很想知道，昔日背靠顶尖学府、坐拥千亿资产的"最大校企"，是如何从曾经的辉煌走向如今的没落的。

故事还得从40多年前说起。

梦幻开局，剑指第一校企

40多年前，我国报纸、书籍的排版印刷不像今天这么便捷，大多数印刷厂采用的还是落后的铅字印刷技术。这种印刷方式存在工作繁重、效率低下、损害劳动力、污染环境等弊端。

当时国外已有先进的激光照排技术。为此，1974年8月，经周恩来总理批准，国家设立了"汉字信息处理系统工程"研究项目（简称"748工程"）。来自北京大学的王选带领其团队攻坚克难，成功研制出新中国第一个汉字信息处理与激光照排系统，使汉字的排版印刷告别"铅与火"的时代，跨入"光与电"的世纪。

汉字激光照排系统为北大方正奠定了发展基础。

1985年10月15日，北京大学正式发文成立"北大新技术公司"，由无线电系老师楼滨龙担任总经理，数学系老师黄绿萍、黄晚菊为副总经理，3人是公司初期的全部员工。虽然公司没有正式到工商局注册，但也算是北大方正的"鼻祖"。

1987年，北京市海淀区北达科技服务部（简称"北达服务部"）成立，黄晚菊担任北达服务部总经理，北京大学物理系老师张玉峰参加计算机经营工作。1988年初，北达服务部并入北大新技术总公司电脑部，由张玉峰负责商品采购。由于张玉峰多数时间都在广州、深圳等地组织货源，在北京时间少，公司决定聘请北京大学物理系教师晏懋洵担任电脑门市部主任。

积累了一定的资金后，楼滨龙想扩大公司业务，他和王选商议由北大新技术公司生产汉字激光照排系统，却遭到王选的拒绝，因为当时已有山东潍坊公司生产汉字激光照排系统，它不仅是"748工程"指定的合作生产厂家，还是王选多年的"战友"。但由于山东潍坊公司生产的汉字激光照排系统质量不过关、性能不稳定，生产任务又落到了北大新技术公司身上。最终，北大新技术公司开发的汉字激光照排系统大获成功，1990年，其销售额近亿元，1991年更是达到2亿元，公司的规模不断扩大，利润也不断增长。

第八章 北大方正："最大校企"的兴衰沉浮

内斗频繁，纷争迭起

一时之间，北大新技术公司成为中关村最具发展前景的公司，风光无限。然而，此时北大新技术公司的总经理楼滨龙面临着三座大山。第一座大山是如何处理公司与学校之间的关系。北京大学的领导认为，北大新技术公司是校办企业，学校有权无偿调拨公司的资金，而楼滨龙认为公司是独立的经营实体，资金是为今后发展做准备的，学校无权无偿调拨公司的资金，学校可以向公司要钱，但是要有正规的名目，否则就是借款，还要向公司出具抵押物。第二座大山是如何面对北大新技术公司争当总经理的人。随着公司规模的不断扩大，晏懋洵、张玉峰等人不愿屈居楼滨龙之下，一些明争暗斗不可避免。第三座大山是如何处理北大新技术公司和王选之间的关系。是把王选及其领导的北大计算机研究所纳入公司怀抱，还是维持之前的合作关系？为实现多元化经营，楼滨龙选择了后者。

事实上，第一座大山足以将楼滨龙压垮。1992年7月，北京大学宣布罢免楼滨龙北大新技术公司总经理的职务，并任命其为校办产业办公室副主任，由晏懋洵接任总经理。晏懋洵上任后的5个月，北大新技术公司更名为"北京北大方正集团公司"。在任期间，晏懋洵兢兢业业，屡次向校方和王选表明"忠心"，但仍无法阻挡张玉峰的猛烈攻势。

1995年7月，张玉峰在北大方正总裁换届选举中夺得90%的选票，出任北大方正董事长、总裁。与楼滨龙不同，张玉峰与北京大学校方的关系很好，他坚决拥护北京大学校方领导。他还成立了"方正技术研究院"，把王选及其领导的北大计算机研究所与北大方正合并，阻止了王选及其研究所自立门户销售汉字激光照排系统，与北大方正竞争市场份额。

1995年，北大方正旗下主营软件开发业务的方正（香港）有限公司在香港上市。登陆资本市场后，北大方正正式进军电脑行业。此后，北大方正水涨船高，公司实力日益强大。

1998年，北大方正通过在二级市场购买股票，入主上海延中实业股价有限公司（简称"延中实业"）董事会，逐步成为该公司的第一大股东，并将公司改造成以IT领域软硬件产品的研发、生产和销售为核心业务的高科技公司，成功实现从"延中实业"向"方正科技"的转变。

然而，北大方正内部逐渐形成两个派别，一是以公司总裁张玉峰为核心的经营派，二是以精神领袖王选为核心的技术派，两派的经营理念截然不同，分歧不断扩大。1999年，由于北大方正的业绩有所下降，纷争终于爆发。北大方正第二大股东渠万春向北京大学领导、北大方正董事会提议辞去王选方正（香港）有限公司董事会主席的职务，此事遭到大批北大方正干部的反对。之后，北大方正部分中高层管理人员又联名要求王选留任、张玉峰辞职。

1999年10月，为了平息这场混乱，北京大学校方不得不出面，要求张玉峰和王选同时退出北大方正董事会，张玉峰保留上海方正延中科技实业公司董事长的职务，王选则保留方正（香港）有限公司董事会主席的职务。

短短十余载，北大方正内部纷争迭起，管理者忙于权力斗争，忽视内部治理，为后续发展埋下深深的隐患。

李友入局：逼宫夺权，疯狂扩张

1999年，张玉峰和王选退出董事会后，北京大学副校长闵维方出任北大方正董事长，北京大学教育学院常务副院长魏新出任副董事长，代行董事长职责。

然而，北大方正的副总裁、方正科技的常务副董事长祝剑秋却不甘心屈居魏新之下。祝剑秋曾是张玉峰的得力助手，跟随张玉峰把方正电脑做到了全国第二、亚太地区十强。

此前，因北大方正的核心电脑业务的注入，方正科技的营收和净利润暴涨，然而北大方正却没有提高股权比例，反而减持套现了几十万股。1998年底，北大方正持有方正科技5.87%的股份，1999年6月为5.4%，1999年底减持至4.55%，2000年底再次减持至4.36%。这给了祝剑秋可乘之机，他意图通过关联公司四川长虹将方正科技从北大方正剥离出去。

面对祝剑秋的手段，魏新苦寻计策。就在这时，一个影响北大方正今后命运的关键人物出现了,他就是赫赫有名的资本操盘手——李友。李友1964年出生于重庆垫江,1982年考入郑州航空工业管理学院(简称"郑州航院"),大学期间因病休学一年,于1986年毕业。在郑州航院的学习经历,让李友积累了丰富的校友资源,之后,投入其麾下的多是郑州航院1985届和1986届的校友,被称为"郑航系"。毕业后,李友先在国家审计机关工作,随后进入资本市场,结识了"资本大鳄"张海,二人通过凯地投资管理公司纵横市场,控制了中国高科集团等上市公司,为业界所瞩目。

魏新力争与李友合作,李友通过凯地投资管理公司联合多家公司举牌方正科技,帮助北大方正保全了对方正科技的控制权。最终,祝剑秋被迫出局。

2001年10月,魏新出任方正科技董事长兼总裁,随后又晋升为北大方正董事长,李友也如愿成为方正科技的总裁和执行董事。

魏新上任后,公开表示要使北大方正"在三年之内超越联想"。

按理说,北大方正背靠着北京大学的"金字招牌",手握着划时代的核心技术,又拥有顶尖的人才支撑,本该凭技术创新、人才创新扶摇直上,超越联想指日可待。然而,让人意外的是,北大方正接下来却采取了一系列谜之操作。

2002年,受李友的"指点",魏新宣布了一个匪夷所思的决策:实施多元化战略。魏新认为,当时激光照排系统的市场已趋于饱和,而电脑市场竞争激烈,北大方正又缺乏核心技术,多元化战略

第八章 北大方正："最大校企"的兴衰沉浮

似乎是最轻松、便捷的敛财之路。

于是，北大方正开始在资本市场上疯狂掠夺：2002年8月，斥资2.3亿元收购浙江证券（方正证券前身）；2003年5月，出资2亿元收购江苏苏钢集团有限公司；2003年7月，出资3亿元入主西南合成医药集团有限公司；2003年10月，用4亿元收购武汉正信投资。公司的总资产迅速膨胀。

2003年，靠着短期内的疯狂扩张，北大方正的营收首次超过200亿元，与联想相比只差40亿元。然而，支撑北大方正迅速扩张的大多是没有质量的盲目收购，被收购方大多是陷入经营困境或债务危机的公司，北大方正以低价收购后进行改制，使其变为北大方正旗下的一个企业。核心技术的丢失以及模糊主次的多元化投资，为北大方正后来的资金危机埋下伏笔。

校企改制，是"输血"还是"侵吞"？

2003年，李友出任北大方正首席执行官，北大方正也迎来命运的一大转折——混合所有制改革。7月24日，北大方正向北京大学上报了其自行制定的改制方案。方案指出，北大方正要在"确保学校国有资产安全""学校正当权益不受侵害"的前提下，通过"引进信誉良好、实力雄厚的战略投资者参与集团改制"，帮助集团"实现从单一投资主体的全民所有制企业到多元投资主体的有限责任公司的转变"。根据该改制方案,北大资产经营有限公司（简称"北大资产"）持股35%,仍保持第一大股东身份,并以1.49亿元的净资产评估价值为基础,引入战略投资者和员工持股,向他们转让其余65%的股权。这一改制方案很快得到教育部的批复。

2004年3月,北大方正的混合所有制改革基本完成,形成混合所有制的股权结构:北大资产持股35%、成都市华鼎文化发展有限公司（简称"成都华鼎"）和深圳市康隆科技发展有限公司（简称"深圳康隆"）作为社会股东分别持股18%和17%、北京招润投资管理有限公司（简称"北京招润"）持股30%（员工持股）。

这场混合所有制改革表面上看似乎顺理成章,实际上却是问题重重。

一、恶意评低国有资产

为顺利进行股权转让,北大方正在混合所有制改革前自行聘请北京中润华会计师事务所有限责任公司（简称"中润华会计师事务所"）和中保资产评估有限公司进行审计评估。2003年6月,中润华会计师事务所出具了一份以2002年12月31日为基准日的审计报告,该报告显示北大方正的净资产为8 029.38万元。中保资产评估有限公司在2003年7月出具了一份以2002年12月31日为基准日的评估报告,该报告称北大方正净资产评估值为1.49亿元。由此,李友通过北京招润出资4 480万元，拿下北大方正30%的股权。但在同年10月，中润华会计师事务所又出具了同一文号、同一基准日的另一份审计报告，报告称北大方正的净资产是20.69亿元。更离奇的是，2017年审计署向在这两份审计报告上签字的两位注册会计师进行核实时发现：其中一位会计师已经病故，另外一位则"否认（这两份审计报告）为本人签字"。此外，李友曾经的下属之一魏亚峰，以公开举报的方式指控当年"李友买通中保资产评估有限公司"。虽然没有确凿的证据，但是很难不让人怀疑李友及其团队有阶段性操纵北大方正的资产估值，进而以低价侵吞国有资产的嫌疑。

退一步来讲，北大方正自行制定改制方案、自行选聘会计师事务所和评估机构的做法本身就违反了财政部的规定。

二、内部人掏空

实际上，北大方正的两家社会股东的实际控制人正是李友及其一致行动人。据媒体报道，成都华鼎在2007年2月之前是李友的私人公司；深圳康隆则由李友团队成员共同所有。

不仅如此，李友团队还持续收购员工股份，逐步成为北京招润的实际控制人。公开资料显示，北京招润成立于2001年，注册资本1 000万元，最初股东为两个自然人，顾小玲出资800万元，叶军出资200万元。2002年10月，叶军将所持股权全部转让给了李京晶。

2003年12月，时任北大方正贸易部部门经理的卢旸取代顾小玲，成为公司新的法定代表人和董事长。一年后，魏新、施倩从顾小玲、李京晶手中获得北京招润的全部股权，其中魏新持股66.05%，施倩持股33.95%。施倩曾供职于新华社，后加入北大方正，先后任北大方正董事会秘书、总裁助理、副总裁等职。2005年2月，李友成为北京招润新股东，持股31.92%，魏新持股降为56.05%，施倩持股变为12.03%。2010年12月，施倩将其持有的12.03%股权全部转让给了张兆东。张兆东是北大方正的创业元老之一，并长期担任董事、总裁职务。到了2011年之后，李友和他的"郑航系"同学们，就已经控制了北京招润约90%的股权。有内部员工曾向媒体反映，2004年魏新、施倩持有的北京招润的一部分股权，确实是替公司主要科研人员和骨干代持的。但仅代持了几个月，就被魏新、李友等人强制收购。至此，北京招润沦为李友及其团队的持股工具，所谓的员工持股有名无实。

表面上，持股70%的北京大学是北大方正单一最大股东和实际控制人。实际上，李友及其一致行动人早已将成都华鼎、深圳康隆和北京招润收入囊中，成为北大方正真正的幕后掌舵人（图8-1）。这种代持关系也为李友方获取外部融资提供了极大的便利。

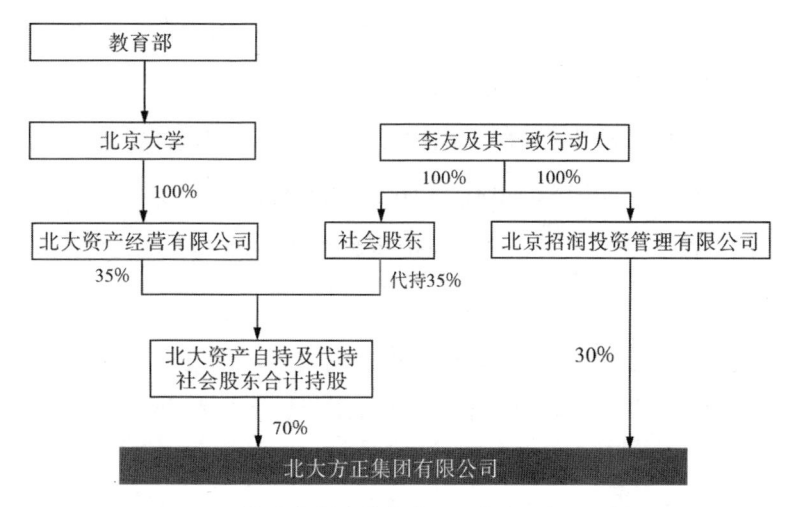

```
                    ┌─────────┐
                    │ 教育部  │
                    └────┬────┘
                         ↓
                    ┌─────────┐              ┌──────────────────┐
                    │ 北京大学│              │李友及其一致行动人│
                    └────┬────┘              └────┬────────┬────┘
                      100%│                   100%│    100%│
                         ↓                       ↓        ↓
          ┌──────────────────┐  ┌────────┐  ┌──────────────────────┐
          │北大资产经营有限公司│  │社会股东│  │北京招润投资管理有限公司│
          └────────┬─────────┘  └───┬────┘  └──────────┬───────────┘
                 35%│           代持35%│                │
                    ↓                 ↓                 │
          ┌──────────────────┐                         │30%
          │ 北大资产自持及代持│                         │
          │ 社会股东合计持股  │                         │
          └────────┬─────────┘                         │
                 70%│                                   │
                    ↓                                   ↓
                  ┌──────────────────────────────────────┐
                  │         北大方正集团有限公司         │
                  └──────────────────────────────────────┘
```

图8-1 混合所有制改革完成后北大方正的股权结构

三、拿北大方正的钱买北大方正？

2004年4月，两家社会股东与北大资产签订无对价《股权转让协议》，将持有的北大方正股权无偿转让到北大资产名下。《股权转让协议》称，35%的股权在一定期间保留在北大资产名下更有利于北大方正的持续稳定发展。各方同意北大资产在2008年12月31日前继续持有上述35%的股份。根据《股权转让协议》，深圳康隆和成都华鼎应于2004年1月6日之前支付30%的股权转让款，2004年6月19日前支付70%的股权转让款。但这两家公司直到2004年3月才支付了30%的股权转让款（股权工商变更已完成），其余70%股权的转让款直到

2007年才由北大方正代为支付（至今仍有200万元未支付），并且一直未完成工商变更手续。这相当于拿北大方正的钱买北大方正，对此，管理层的解释是曾在加盟之初通过深圳康隆和成都华鼎借款给北大方正，但真相究竟如何，如今已无人知晓。

不管过程如何，混合所有制改革结束后，李友时代的北大方正正式开始了。

一方面，李友利用铁手腕和资本运作使北大方正的营收迅速飙升，规模不断扩大。2013年，北大方正的总收入接近680亿元（图8-2）、总资产960亿元、净资产339亿元，远远高于改制前评估的净

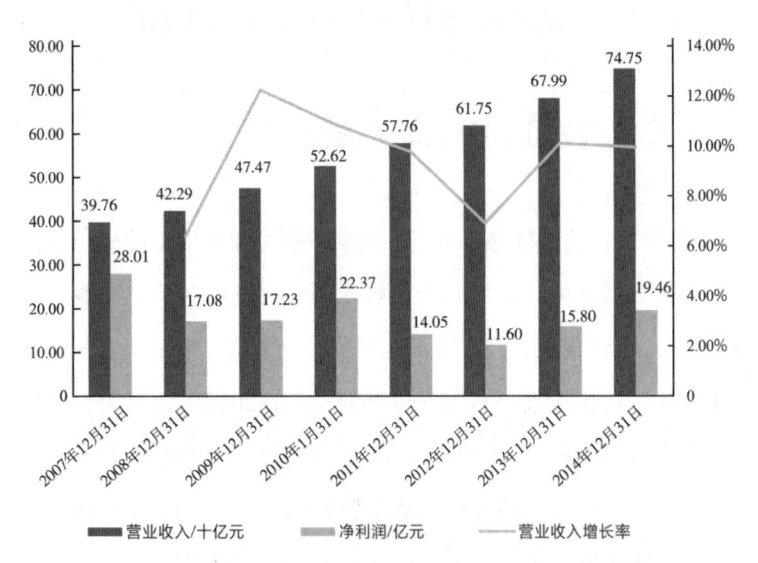

图8-2　2007—2014年北大方正的营业收入和净利润情况

（数据来源：Wind。）

资产1.5亿元和总资产100亿元。巅峰时期，北大方正旗下拥有方正科技、北大资源、方正控股、中国高科、北大医药、方正证券共6家上市公司，横跨科技、房地产、医药、金融等多个领域（图8-3），是当之无愧的"中国最大校企"。

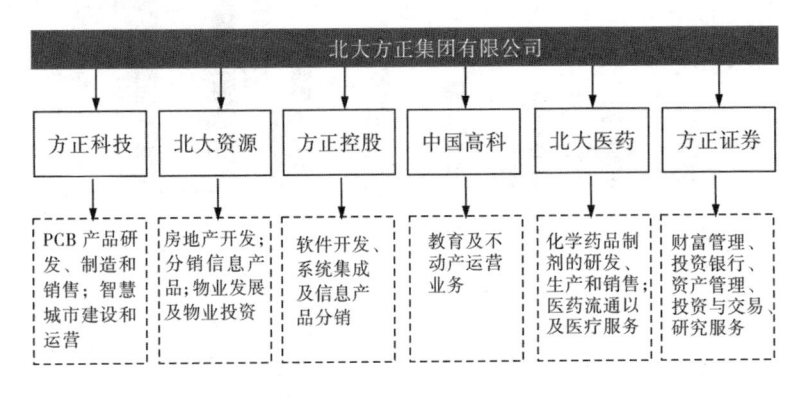

图8-3　北大方正集团有限公司旗下6家上市公司负责的业务

另一方面，在李友的操纵下，北大方正逐渐丧失了它赖以生存的技术能力和研发能力，其曾经引以为傲的电脑业务也再无竞争力，甚至在2010年以7 000万美元的低价"贱卖"给了宏碁。这种偏离主业的发展导致北大方正长期处于高杠杆经营、资产负债率居高不下的状态（图8-4），严重损害了股东权益。

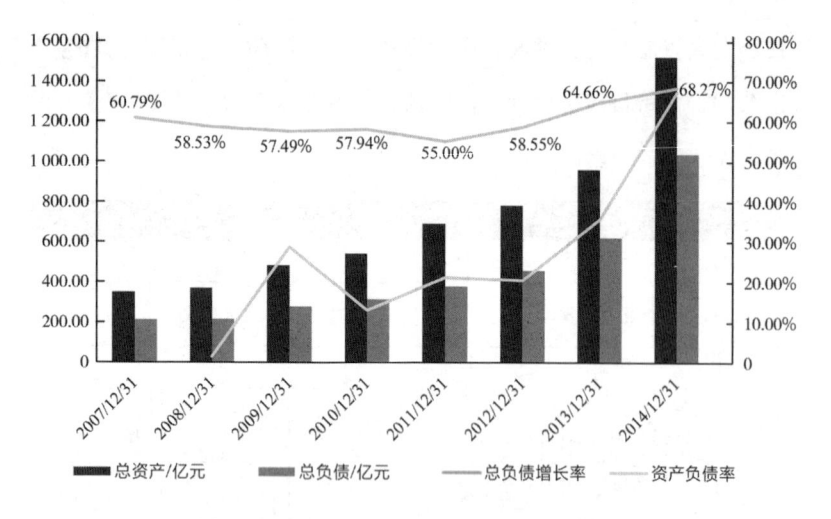

图8-4　2007—2014年北大方正的负债情况

（数据来源：Wind。）

此外，李友任人唯亲，借各种机会将他的亲戚和郑州航院的同学拉入北大方正，担任核心高管。李友的亲友团逐渐渗透到北大方正的方方面面（表8-1）。

表8-1　李友的亲友团（部分）

姓名	职务	与李友的关系
余丽	北大方正董事、执行总裁兼CFO	李友的同学
李国军	北大方正副总裁、北大医药董事长、方正证券董事	李友的弟弟

续表

姓名	职务	与李友的关系
方中华	北大方正副总裁、方正控股薪酬委员会主席、方正科技董事长	李友的同学（李友在校时上下铺的室友）
冯七评	北大方正副总裁	李友的同学
郭旭光	北大方正副总裁	李友的侄女婿
谢克海	北大方正副总裁、北大资源执行董事、方正科技监事会主席	李友的同学
刘晓坤	北大资源执行总裁	李友的同学
陈庚	北大资源执行董事	李友的同学

就这样，李友一手搭建起自己的商业帝国。然而，在无限风光的背后，危机早已悄悄到来。

矛盾升级，致命斗法

2013年，方正证券希望通过横向并购进一步扩大公司的资产规模、提升综合实力，此时拥有51家营业部的老牌券商民族证券进入方正证券的视野。然而民族证券的控股股东北京政泉控股有限公司（简称"政泉控股"）却不会轻易妥协，它希望通过增资扩股来增加并购的盈利预期。在资金不足的情况下，北大方正旗下的方正东亚信托有限责任公司为政泉控股提供了49亿元贷款，政泉控股利用这笔贷款中的37亿元完成对民族证券的增资，持股比例进一步上升至84.4%。之后，上海银行北京分行受让这笔49亿元、为期两年的债权，并要求政泉控股在方正证券与民族证券完成重组后，把所换得的方正证券股权用作抵押。

与此同时，为了引入新的战略投资者，增加股份的流动性，北大医疗产业集团有限公司拿出北大医药11.75%的股权，公开征集受让方。政泉控股有意接盘，最终以每股9.2元的价格受让北大医药4 000万股（共6.71%）的股权。

于是，北大方正和政泉控股一拍即合。2014年8月，在换股收购的模式下，方正证券和民族证券完成重组，民族证券成为方正证券的全资子公司，成功实现"借壳上市"，而政泉控股持有方正证券21.86%的股份，成为其第二大股东。北大方正和政泉控股的股权关系如图8-5所示。

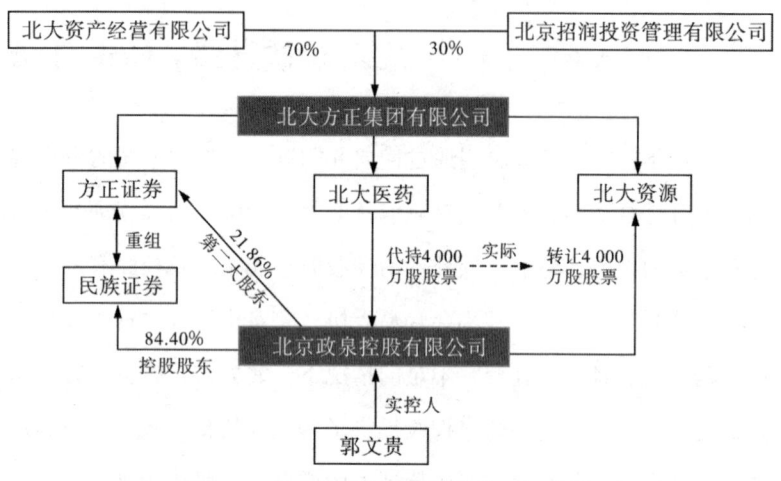

图8-5 北大方正与政泉控股的股权关系

交易完成后，政泉控股将持有的方正证券股权抵押给上海银行北京分行。至此，加上陆续从北大方正融得的31亿元借款，政泉控股将其公允评估总值约260亿元的资产进行了抵押、质押，完成了向北大方正及其关联公司的全部融资，总额为80亿元。

然而在一个月后，上海银行北京分行致函政泉控股称："我行获悉政泉控股被最高人民法院列入失信被执行人名单，同时政泉控股有违约行为，并在9月的贷后检查中无法提供能按期支付利息的资金实力证明。我行或考虑采取联合其他债权人对政泉控股启动重整程序措施。"上海银行北京分行还表示："若政泉控股出现违约，将有权利处置政泉控股在其处质押的方正证券股票或将贷款利率提高至每年20%"。于是，政泉控股紧急筹措了49亿元资金，打算在合约到期前还款，以盘活抵押给银行的方正证券股份，并防止贷款利率提高。可作为直接抵押人的北大方正却不同意政泉控股提前还款。此外，方正东亚信托有限责任公司不同意政泉控股将一笔2.3亿元的贷款再续借一年的申请。政泉控股因此质疑北大方正以此手段逼迫公司陷入债务违约、资金链断裂的困境。

重组后，双方在董事会控制权的问题上也矛盾重重。政泉控股希望把董事会成员由9人扩大到11人，政泉控股占5席；方正证券则希望维持9人，政泉控股依旧占3席。双方由此爆发了激烈的冲突。

矛盾愈演愈烈，大战一触即发。终于在2014年11月初，政泉控股在其官网接连开火，连发5份公告称其所持北大医药股票是北大方正首席执行官李友请求政泉控股代北大资源持有,并指控北大方正首席执行官李友、副总裁郭旭光等高管涉嫌股票代持、内幕交易等违规行为,从中获利近4亿元。北大方正随后发表声明称"所谓'内讧、内幕交易'等说法均与事实不符"。

2014年11月8日,政泉控股再度出击,详述股票代持和内幕交易的细节,并称北大方正高管涉嫌侵吞百亿国资。同一天,北大方正在其官网发布声明,再次否认了内幕交易的指控,但对于股票代持没有表态。

5天后,政泉控股抛出数种证据,其中最令人震撼的证据是其对部分交易款项直接流入北大方正高管的个人账户的举证。北大方正则称不存在高管获利的情况。

2014年11月20日,北大医药亦连发7份公告,称北大资源所谓的代持关系为被迫实施的安排,北大方正绝不涉及亦不存在政泉控股质疑的内幕交易行为。

2015年1月,北大方正董事长魏新、首席执行官李友、总裁余丽被带走协助调查。

2016年11月,大连市中级人民法院一审公开宣判北大方正集团有限公司原董事长、首席执行官、执委会主席李友等人内幕交易案,认定被告人李友犯内幕交易罪,妨害公务罪和隐匿会计凭证、会计账簿、财务会计报告罪,数罪并罚,决定执行有期徒刑四年六个月,并处罚金人民币7.502亿元;违法所得予以没收,上缴国库。

自此，北大方正的李友时代落幕了。

随着李友被捕入狱，北大方正很快选举产生新的董事会，由北大资产董事长黄桂田，北京大学产业党工委书记孟庆焱、副书记韦俊民为北大方正董事，与时任董事张兆东、廖陶琴、肖建国、张旋龙共同组成新一届北大方正董事会。新董事会选举黄桂田为北大方正董事长，并聘任张兆东为北大方正总裁。

2016年11月，余丽恢复自由之后，要求回归北大方正董事会无果。以余丽为代表的"郑航系"并不甘心就此失去北大方正的控制权，双方开始激烈的交火。

2017年12月11日，因北京招润的工商材料遗落在北大方正且多次索取未果，余丽、冯志丹等人趁北大方正员工在北京市工商行政管理局海淀分局大厅内办理招润五证合一事项时，公然抢走了北京招润的公司公章、营业执照等证件。

对此，北大方正也予以回击。2018年，北大方正两次起诉要求拿回有关证件，但一审、二审均败诉，至此，余丽掌握了北京招润的控制权。

2018年12月，北京招润分别以公司证照返还纠纷、股东知情权纠纷、股东会决议效力纠纷等案由起诉北大方正，但至今未判决。2019年，北京招润继续通过各种公开渠道举报北大方正，意图实现所持30%股份对应的权利（图8-6）。

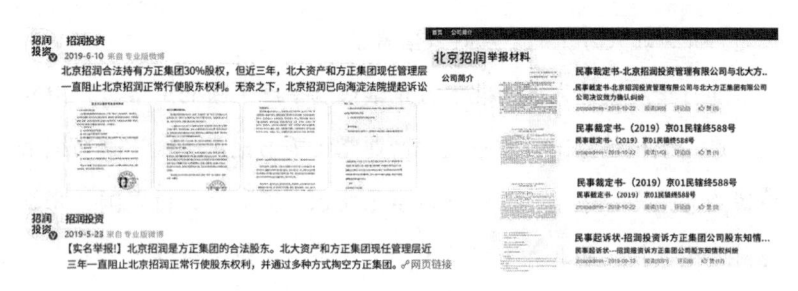

图8-6 北京招润公开举报截图

北大资产则向北京市第一中级人民法院起诉,请求判令魏新、李友、余丽,在2004年以成都华鼎、深圳康隆和北京招润的名义,签订的关于转让北大方正合计65%股权的三份《权益转让协议》无效,即请求判令北大方正在2004年的改制无效,北大方正100%股权应归还北大资产。北大资产起诉的主要理由有三点:第一,北大方正改制所依据的财务文件存在造假;第二,在股权受让主体上,弄虚作假,欺上瞒下;第三,拿北大方正自己的钱,买北大方正。

2019年6月14日,北京市第一中级人民法院对此正式立案。

然而,在这场旷日持久的股东"内斗"背后,北大方正长期存在内部管理混乱、高层拉帮结派、内部人控制、影子企业众多、内幕交易泛滥等问题,濒临破产重整边缘。

破产重整，辉煌已然落幕

事实上，在魏新和李友去职后的数年，北大方正的财务状况不断恶化。一方面，2015—2016年，北大方正的营业收入停滞不前，净利润和归母净利润大幅下降；2017—2019年的归母净利润连续亏损数亿元（图8-7）。另一方面，自2015年起，北大方正的资产负债率居高不下，2018年竟突破80%大关。截至2019年第三季度末，北大方正的总资产3657.12亿元，总负债为3 029.51亿元，资产负债率高达82.84%（图8-8），为后来的破产重整埋下了伏笔。

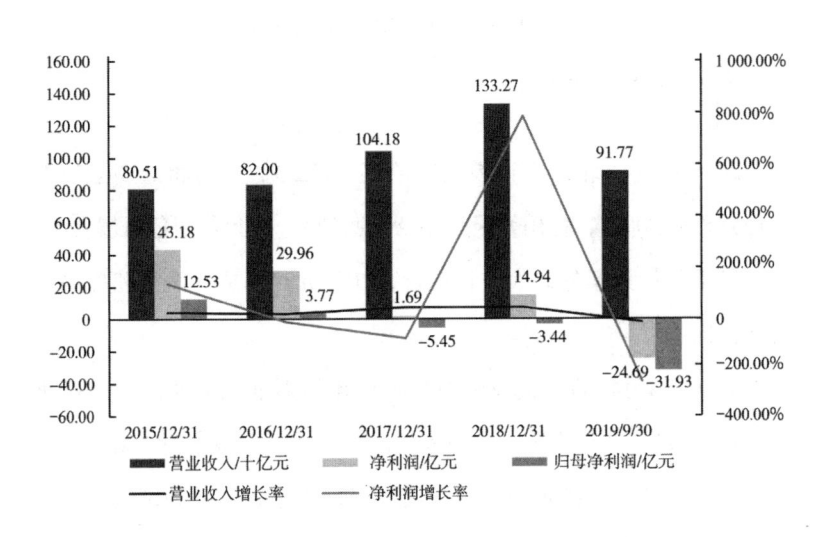

图8-7 2015—2019年北大方正的营业收入和净利润情况

（数据来源：Wind。）

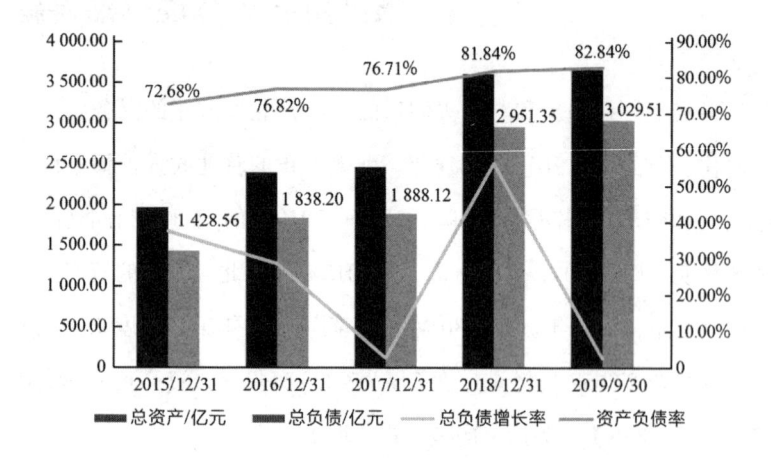

图8-8 2015—2019年北大方正的负债情况

（数据来源：Wind。）

2019年底，北大方正因无力偿还一笔20亿元的超短期融资券"19方正SCP002"，信用等级从AAA下调到A，导致信用危机爆发。

对于负债累累的北大方正而言，20亿元足以成为压垮骆驼的最后一根稻草。

2020年2月14日，北京银行向法院申请对北大方正进行破产重整。2月19日，北京市第一中级人民法院正式受理该申请，责令北大方正破产重整，并指定由中国人民银行、中华人民共和国教育部、相关金融机构等部门组成清算组担任北大方正管理人。至此，北大方正正式走上破产重整之路。

第八章 北大方正："最大校企"的兴衰沉浮

2020年7月31日，北京市第一中级人民法院裁定对北大方正及其子公司方正产业控股有限公司、北大医疗产业集团有限公司、北大方正信息产业集团有限公司、北大资源实质合并重整。

2021年1月29日，北大方正发布公告称，经过多轮竞争性选拔，最终确定由珠海华发集团有限公司（代表珠海国资）、中国平安保险（集团）股份有限公司、深圳市特发集团有限公司组成的联合体为北大方正重整投资者。

2021年5月28日，北大方正的重整计划草案出炉。作为曾经最大的校办企业，北大方正的资产构成复杂，众多的关联企业又交叉持股、或有权益无法厘清，且短时间内难以解决。在严重资不抵债的情况下，北大方正选择"资产出售式"重整，即将债务人企业的主要优质资产及业务出售或实质性出售，使其在新的企业中可以得到挽救，继续经营。债务人以出售所得对价及未转让资产处置所得向全体债权人进行清偿，以此避免将风险传给新的北大方正。

2021年10月21日，新方正控股发展有限责任公司成立。重整计划执行完毕后，中国平安人寿保险股份有限公司设立的SPV（特殊目的公司）持股约66.5%、珠海华发集团有限公司（代表珠海国资）设立的SPV持股约28.5%、债权人组成的持股平台（合伙企业）持股约5%。

2022年12月20日，公告显示，北大方正等5家公司持有的新方正控股发展有限责任公司股权已发生变更登记。新方正控股发展有限责任公司由平安人寿的全资子公司新方正（北京）企业管理发展有限公司持股66.507%，珠海焕新方正投资合伙企业（有限合伙）持股28.503%，债权人持股平台珠海市方正一号企业管理合伙企业（有限合伙）持股1.63%，债权人持股平台珠海市方正二号企业管理合伙企业（有限合伙）持股3.36%（图8-9）。

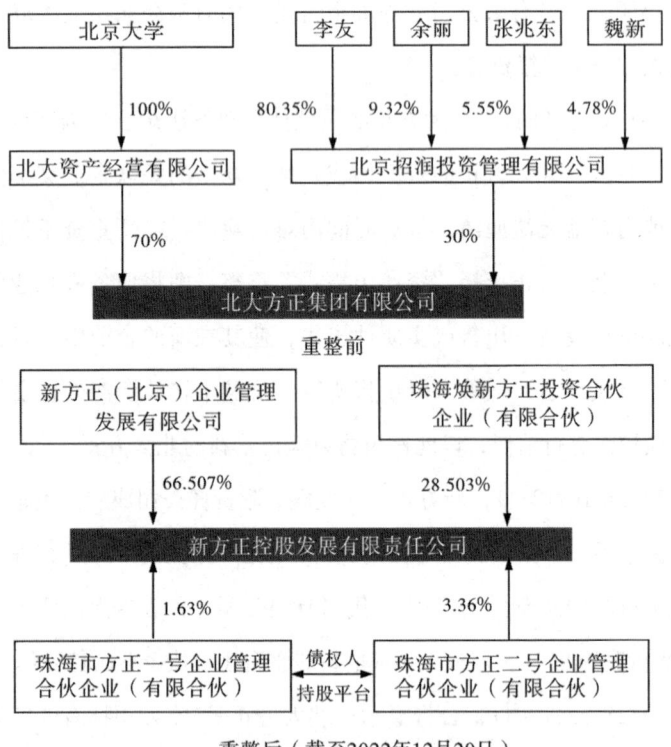

图8-9 北大方正破产重整前后的股权结构

（资料来源：企查查。）

时过境迁，校企能否涅槃重生？

事实上，自2018年《高等学校所属企业体制改革的指导意见》出台后，除北大方正外，已有众多校办企业投入高校国企改革的浪潮中，如清华大学旗下的紫光集团100%的股权被北京智广芯控股有限公司收购，复旦大学将旗下唯一A股上市公司复旦复华18.74%的股权无偿划转至上海国资，中山大学将其持有的达安基因100%的股权无偿划转给广州金控，山东大学将其持有的山东山大产业集团（含所属企业）100%的股权无偿划转给山东国投……

毫无疑问，这些校办企业在实际经营中都存在共同的问题。

首先，在企业管理方面，由于校办企业隶属于高校，企业的管理层常常由校方领导或其他行政人员兼任，这些人员往往缺乏现代企业管理经验，导致企业内部管理混乱。一方面，高层任人唯亲、拉帮结派，导致权力斗争频发，对企业生态造成严重的破坏；另一方面，学校资产和企业资产掺杂在一起，经营性和非经营性资产划分不明晰，导致产权混乱，阻碍科技成果转化。

其次，在企业经营方面，许多背靠大山的校办企业不重视研发，逐渐将核心技术抛于脑后。一些管理层被利益蒙蔽，忘记了初心，忽视产业发展规律，过度扩张资本和盲目多元化，最终导致企业偏离主业、债务高企、濒临破产边缘。此外，校办企业在经营过程中容易受到过多的行政干预，常常不能适应市场的竞争，因而无法创造稳定的收益，甚至面临破产和退市的风险。

最后，在监管方面，校办企业一方面缺乏严格的制度约束，另一方面缺乏外部机构和内部组织的监管，容易沦为腐败滋生的温床。

那么，改革之后，以北大方正为代表的校办企业能否摆脱困境、涅槃重生？还需要时间给我们答案。

思考题

1. 为什么中华人民共和国教育部要求高校退出企业？校企的这种体制跟国企有什么差异？
2. 北大方正在产权改革中是如何被人"掏空"的？
3. 当年北大方正的公司治理体制存在什么问题？

北大方正大事记

·1985年，激光汉字编辑排版系统在首届全国发明展览会上获奖；北大华光出版系统被列入"国家十大科技成就"。

·1986年，王选获第14届日内瓦国际发明研究会金奖。

·1987年，王选获首届毕昇奖；北大华光出版系统获国家科技进步一等奖。

·1989年，北大华光Ⅳ型电子出版系统在首届"火炬杯"高新技术产品展评会上被评为火炬杯奖；王选获中国专利发明创造金奖。

·1990年，王选荣获陈嘉庚技术科学奖；北大方正电子出版系统（含9个子系统）荣获第一届中国国际电子贸易博览会金奖。

·1991年，荣获国家重大技术装备成果特等奖。

·1992年，北大方正集团有限公司完成注册；第一家海外分支机构——方正（香港）有限公司成立，北大方正开始走入国际市场。

·1995年，方正（香港）有限公司于香港联合交易所挂牌上市；北大方正成立国家认定的企业技术中心——方正技术研究院；王选获联合国教科文组织科学奖和国家科技进步一等奖；北大方正荣获全国高新技术百强企业第七名。

·1996年，"北大方正电子出版系统"被评为一九九五年"国家十大科技成就"。

·1997年，方正电子出版系统被评为科技部火炬优秀项目一等奖。

·2001年，方正GB18030字库、超大字库成为首家通过国家级审定的字库产品。

·2002年，北大方正软件技术学院成立；王选荣获国家最高科学技术奖。

·2003年，北大方正发布方正印捷数码印刷系统，它代表着全球中文印刷系统的最高水平；北大方正拥有的"方正/FOUNDER/图形"三合一商标荣获"中国十大公众认知商标"。

·2004年，荣获"2003年度中国信息技术创新最具竞争力企业"称号。

·2005年，跻身"中国十大自主创新民族品牌"；荣获"中国信息产业20年·卓越企业"称号、"中国最具创造力企业"奖、"中国最佳企业公民"称号、中国印刷届最高奖——"毕昇印刷技术奖"、"森泽信夫印刷技术奖"。

·2006年，成为微软全球顶级的20位合作伙伴之一；入选全球迅速发展经济体系（RDE）100强；入选《财富》"最受赞赏的中国公司"全明星榜。

·2007年，荣获最佳企业公众形象奖、"最具核心竞争力的中国企业"称号、"中国最佳企业公民"称号。

·2008年，荣获"中国软件研发竞争力十强企业"称号；位列工信部第22届电子信息百强前三名。

·2009年，荣获"国家认定企业技术中心成就奖"和"中国最佳人力资源典范企业"称号；王选当选"100位新中国成立以来感动中国人物"。

·2010年，方正信息产业集团成立；被科学技术部、国务院国资委和中华全国总工会联合授予"创新型企业"称号；荣获"中国最佳品牌建设案例贡献大奖"。

·2011年，方正证券股份有限公司在上海证券交易所首次公开发行A股；北大方正荣获"中国最受尊敬企业·十年成就奖"；北大方正金融子品牌案例荣获"2011中国最佳品牌建设案例奖"。

·2012年，北大方正人寿保险有限公司成立；入选工业和信息化部、财政部"国家技术创新示范企业"；在工信部发布的"中国软件业务收入前百家企业榜单"中位列第四；在工信部发布的"电子信息百强企业榜单"中位列第九。

·2013年，北大医疗产业集团有限公司成立；荣获"中国软件创新力20强企业"称号；入选《财富》（中文版）"最受赞赏的中国公司"排行榜；荣获"最佳战略决策奖"。

·2014年，被北京产权交易所授予"合作创新奖"；与北京大学、北京大学医学部共同打造的北京大学第九家附属医院——北京大学国际医院正式开业。

·2016年，被国家知识产权局指定为国家专利运营试点企业；在"2016中国企业500强"中排名第173位。

·2017年，入选《财富》（中文版）推出的"2017年最受赞赏的中国公司排行榜"，位列第36名。

·2018年，在"中国企业500强"中位列第160名。

·2019年，荣获电子信息百强企业第5名；"中国500最具价值品牌"第86名，亚洲品牌榜第196名；在"中国企业500强"中排名第138位；中国服务业企业500强第60位。

·2020年，被北京市第一中级人民法院依法裁定进入重整程序。

·2021年，新方正控股发展有限责任公司成立。

第九章
华融：「一把手」治理与国有企业发展

王诣微

第1招：步步为营
第2招：慎用良言
第3招：抽丝剥茧
第4招：有的放矢

扫码出招
看公司治理
如何反败为胜

事过境迁：华融的前世今生

了解中国华融资产管理股份有限公司（简称"华融"），要从1997年的亚洲金融危机说起。

1997年亚洲金融危机始于泰国，波及马来西亚、新加坡、韩国、日本和印度尼西亚等国家，中国香港地区和俄罗斯也受到影响。依赖国际市场的经济外向型国家和地区损失惨重，货币贬值、股市下跌、企业倒闭、工人失业，经济萧条还引发一些国家的政局混乱。

正在努力加入世界贸易组织的中国，目睹了东南亚国家的金融危机惨状，深刻体会到加强金融风险防控的重要性。当时的国有四大银行（中国工商银行、中国农业银行、中国银行和中国建设银行）不良资产率高、资本充足率不足，在内部经营和外部《巴塞尔协议》的压力下，我国不得不考虑增资和剥离不良资产，以改善四大银行的指标，提升我国银行业的竞争力，降低金融风险。

1999年，包括华融在内的中国四大资产管理公司应时而生。

华融对口收购的是中国工商银行的不良资产，到2001年底已处置不良资产232亿元，收回现金76亿元。

第九章 华融："一把手"治理与国有企业发展

2006年底，华融基本完成收购并处置不良资产的任务，进入市场化阶段。在处置不良资产的主营业务之外，华融陆续将业务拓展到银行、证券、信托、私募和消费金融等各个领域。华融与湖南省政府合作重组设立华融湘江银行，成为当时金融资产管理公司唯一持有银行牌照的机构；与重庆市政府合作组建股权投资基金公司，由此拿下PE（私募股权投资）牌照；与海南省政府合作成立华融期货公司，获得期货牌照；重组新疆国际信托公司，成立华融信托公司[1]。华融从专职的不良资产处置公司，发展成牌照齐全的金融集团。

华融在全方位拓展金融业务的同时，还完成了改制、引战、上市等工作。2012年9月，中国人寿保险集团入股华融，持股比例1.94%，华融完成股份制改造[2]。2014年8月，华融引入美国华平投资集团、中信证券国际、马来西亚国库控股公司、中金公司、中粮集团、复星集团、高盛集团等7家战略投资者，并向中国人寿保险集团增发股份，获得人民币145.43亿元的投资。2015年10月，华融在香港交易所主板上市，以每股3.09港元的价格募集资金197亿港元。

混业经营有利于内部协同、客户共享、降本增效，提升资源的合理配置、保持业务的稳定并形成规模效应，但同时也会大大增加政府的监管难度和内部的管控风险。内部不同业务板块间的联系不

---

[1] 杜跃进，陆敏.资管大佬赖小民的奇迹六年[N].经济参考报，2015-07-06.
[2] 李岚.华融资产股份制改革收官 中国人寿参股1.94%[N].金融时报，2012-09-26.

断增强，构成内部的业务和资金链既可以分散风险，也可能掩饰、积聚风险，当某个部门或业务发生损失时，风险会沿着资金链传递扩散，一损俱损。

华融在金融市场化业务上一路狂飙，迅速扩张，风险也随之积聚。从公开数据可以看到，华融的年收入规模从2012年的260.63亿元增加到2017年的1 280.71亿元，仅用了5年时间，就创造了较高的复合增长率。华融的利润也从2012年的69.87亿元增至2017年的265.88亿元（表9-1）。

表9-1 2012—2017年度华融经营情况

单位：亿元

年份	收入总额	年度利润
2017	1 280.71	265.88
2016	952.08	231.09
2015	753.86	169.51
2014	510.61	130.31
2013	373.19	100.93
2012	260.63	69.87

数据来源：华融历年财报。

此时的华融还获得中国证券金紫荆奖"最佳上市公司"、中国金融机构金牌榜"年度最佳资产管理公司"等称号，成为"最会赚钱的前30家中国企业"之一。2017年的华融风光无限，无出其右，在资本市场上指点江山，大有"舍我其谁"的气势。引进战略投资者、公开发行股票、发行债券、对外借款，融资手段无所不用其极，华融似乎从来都不差钱。2017年，华融管控的资产规模达到1.87万亿元的历史高点。

实际上，华融是用44%的负债增长率支撑着收入的超常规增长。与华融收入5年增长1 020.08亿元相伴的是负债增加14 151.03亿元。华融的负债从2012年的2 724.62亿元增至2017年的16 876.25亿元，当年利息支出已高达507亿元（图9-1）。

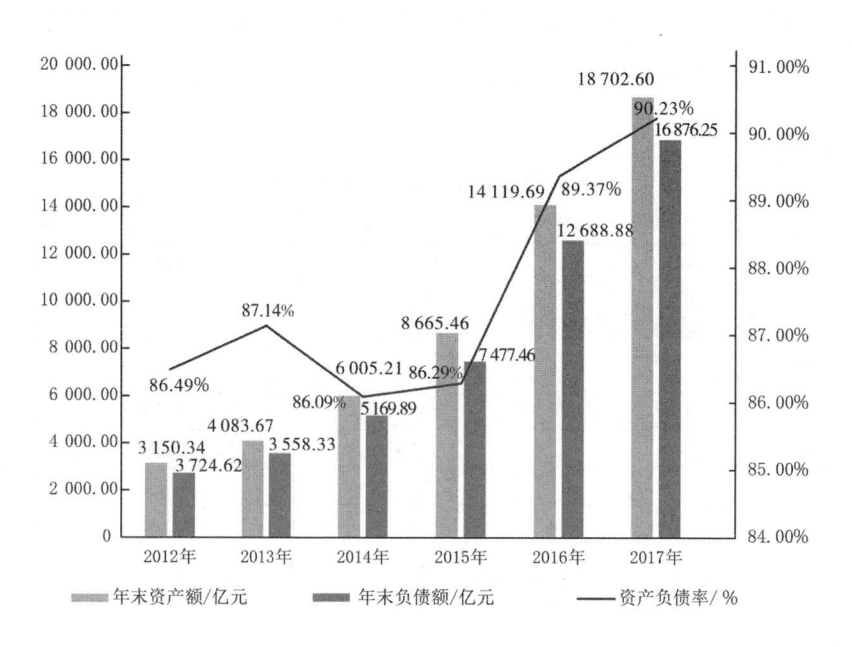

图9-1　2012—2017年度华融资产负债情况

（数据来源：华融历年财报。）

负债是刚性的,资产却是弹性的。华融快速增长所形成的资产泡沫终会被挤出,剩下的是狂欢后的一片狼藉。

2021年8月28日,华融2020年业绩公告延期4个月发布,当年亏损人民币1 062.74亿元。公告一出,内外哗然,曾经"最会赚钱"的公司居然如此敢于亏损、善于亏损。华融宣称千亿元亏损主要来自对华融经营和资产情况的全面审视、评估和减值。当时不少业内人士用华融"洗了个大澡"来形容这份财报。然而,"洗了个大澡"的华融并没有卸下包袱后的轻松。2021年,华融的利润仅为19.86亿元,2022年亏损277.86亿元(表9-2)。

表9-2 2015—2022年度华融经营情况

单位:亿元

年份	收入	利润
2022	372.64	−277.86
2021	930.67	19.86
2020	765.08	−1 062.74
2019	1 126.57	22.69
2018	1 072.53	15.09
2017	1 280.71	265.88
2016	952.08	231.09
2015	753.86	169.51

数据来源:华融历年财报。

从华融上市8年来的利润数据不难看出,2020年的千亿巨亏并非意外。2017年华融的利润达到顶峰后,2018年呈断崖式下降,2019

年低利润持续,明显有着消化前期不实利润的痕迹。2020年华融的业绩"洗了个大澡"似乎并未见底,2022年又现巨额亏损。2021年19.86亿元的利润值,夹在前后两年之间,显得那么无力、那么苍白,更像是在为避免持续亏损而做的数字游戏。

2020年,华融千亿元巨亏,朝野震动,内外哗然。自2021年起,财政部对华融会计信息质量及其审计机构德勤华永会计师事务所(简称"德勤")的执业质量开展检查。

2023年3月17日,财政部发布对德勤和华融依法做出行政处罚的公告。经查,2014—2019年度华融存在不同程度内部控制和风险控制失效、会计信息严重失真等问题。依据《中华人民共和国会计法》第四十三条等,对中国华融资产管理股份有限公司、华融致远投资管理有限责任公司、华融天泽投资有限公司、华融华侨资产管理股份有限公司、华融国际信托有限责任公司、华融汇通资产管理有限公司、华融瑞通股权投资管理有限公司、华融实业投资管理有限公司分别给予10万元顶格罚款的行政处罚。根据情节轻重,对在华融相关公司年度财务会计报告上签字的19人分别给予行政处罚。

千亿元巨亏耗尽了华融历年辛苦积累的利润。2020年底,公司总资产为16 414.7亿元,负债总额为15 772.1亿元,资产负债率高达96.1%。同时,华融的借款余额为7 784亿元、应付票据余额为3 370亿元,其中一年内到期余额分别为4 835亿元和1 321亿元[①]。华融的

---

① 数据来自华融2020年度报告。

资本充足率、杠杆率等指标已低于国家监管机构的最低要求,资金流动性面临巨大挑战,公司已经面临持续性经营风险。以资本充足率为例,截至2021年6月末,华融的资本充足率为6.32%,而监管要求的四大金融资产管理公司的资本充足率为不低于12.5%[①]。

"时间是一架天平,它能称量奋斗成果的重量。""时间是一把尺子,它能丈量砥砺前行的进程。"这两句极富哲理的话是华融原董事长王占峰在2019年业绩报告中说的。不言奋斗,何谈砥砺?诚如王占峰所言,"时间不语,却回答所有",在华融2022年财务状况表中,记录下用24年时间称量出的"奋斗成果"——累计亏损901.8亿元[②]。

官仓硕鼠:赖小民的崛起与覆灭

从风光无限到众筹续命,华融的起伏波折与前董事长赖小民脱不了干系。出身穷苦的赖小民有过勤奋求学的励志经历,有着仕途高歌猛进的过程,功成名就之时,他没有选择志存高远、造福一方,而是走向穷奢极欲、擅权,将自己的人生引向了一条不归路。

1962年,赖小民出生在江西瑞金的一个小山村里,家中有五个

[①] 曾仰琳. "爽约"150天后华融交出千亿亏损业绩答卷,靴子落地了吗?[EB/OL].(2021-08-30). https://baijiahao.baidu.com/s?id=1709518544784718972&wfr=spider&for=pc.

[②] 数据来自华融2022年度报告。

孩子，他是最小的一个。贫困的家庭条件让赖小民深知只有读书才能改变命运。1977年，恰逢恢复高考，赖小民加倍努力地学习，1979年以瑞金文科状元的成绩考入江西财经学院（今江西财经大学）国民经济计划专业。大学四年，赖小民凭借出色的成绩获得助学金，顺利完成学业。1983年大学毕业后，赖小民被中国人民银行选中，直接进入总行工作[①]。

早年生活的物质匮乏，给了赖小民比同龄人更早熟的思想和狂热向往名利的欲望。赖小民严密的逻辑思维能力、极富感染力的演讲能力注定他不会泯然众人。遇到"江西老表"的贵人提携，又借着"干部年轻化"的政策春风，工作努力的赖小民于1987年当上中央资金处副处长。此后的11年间，赖小民不断升职，于1998年成为中国人民银行监督二司副司长。2003年9月，41岁的赖小民任中国银行业监督管理委员会北京监管局局长、党委书记。之后，仅用了两年时间，他就几度升职，成为中国银行业监督管理委员会办公厅（党委办公室）主任。

赖小民的仕途一路高歌猛进、畅通无阻，时间很快来到2008年。四大资产管理公司的十年期限即将到期，处置不良资产的任务也早已完成，此时的华融面临着商业化转型的重大挑战。在华融处于不知何去何从的十字路口之时，赖小民被调到华融担任党委副书

[①] 斜杠历史.赖小民：为何从一名县高考状元沦为被执行死刑的巨贪？[EB/OL].（2022-07-25）. https://baijiahao.baidu.com/s?id=1739226334242517968&wfr=spider&for=pc.

记、总裁。

赖小民知道,企业没有规模就没有位置,没有业绩就没有关注,没有资源就没有话语权、没有"朋友"。为了一己私利、为了有话语权,赖小民开足马力,用尽华融的资源结交"朋友",打造圈子,一心做大企业规模,粉饰公司业绩。

2012年,赖小民正式出任中国华融资产管理股份有限公司董事长、党委书记,担负起"一把手"的工作。同年,华融获得国务院批准,正式转变为股份制公司。也就是从这个时候开始,华融逐渐偏离主业,转向全套的金融服务。赖小民接手华融时,华融的总资产为3 150亿元,位列四大资产管理公司之末,到了2017年,华融的资产总额已经高达1.87万亿元。赖小民一直以此标榜自己的政绩,"接手华融五年,赚了五个华融"[1]。

然而,飞速增长的背后,不是赖小民的经营有道,而是他编织出的一场繁荣假象。

华融证券曾投入14亿元资金,以大约7.4元/股的价格成为退市清算的保千里公司的股东。巨额的投资成为华融的损失,对应的资金却真实地流入他人的口袋。

中国华融国际控股有限公司原总经理白天辉表示:"赖小民要追

---

[1] 赖小民:不懂得回头,从高考状元沦为被执行死刑的巨贪[EB/OL].(2022-07-26). https://c.m.163.com/news/a/HD4740OH0543UNKG.html.

求政绩，追求短期利益，那我们只能投一些风险比较高的项目。"[1]赖小民一方面营造表面上服务实体经济的假象，一方面打造一个不断向自己进行利益输送的利益集团。这就导致从表面上看账目实现了巨额收益，但实际上巨额资金根本不能回笼，只能用更多的资金去填补更大的窟窿，短期的业绩对应的是长期的坏账。

此时的赖小民享受着众星捧月般的追捧，更享受着权力带给他的簇拥，内心逐渐膨胀，在他眼中，已经没有谁可以真正约束他了。赖小民极度排斥组织领导和行业监管，甚至斥责中国银行业监督管理委员会的工作人员不专业，影响了公司的发展，进而对行业监管的一些要求置之不理。

赖小民的激进经营是带有目标性的，他利用职务之便，将华融的资金都投给了"自己人"。按照正常的项目投资流程，应该是下级将选中的、审核合格的、有投资前景的项目上报给经营层和董事会进行审批，审批通过后再进行投资。但是，赖小民倒转了流程顺序，直接将自己的朋友、老乡的项目告诉下属，让下属去准备投资。员工们知道这是董事长的项目，对于这些项目的评估把关、风险防控也就流于形式，将一些在投资中应该考虑的市场因素直接忽略。

权钱相对，在肆意行使权力的同时，赖小民也从中大赚一笔，满足自己对金钱的渴求。

---

[1] 反腐专题片《国家监察》第二集——《全面监督》。

2018年4月，赖小民涉嫌严重违纪违法，接受纪律审查和监察调查。在审查调查过程中，专案组在北京某小区发现了赖小民藏匿赃款的一处房屋，里面有多个保险柜，存放的现金有2亿多元，重达3吨。这2亿多元现金只是赖小民违法所得中的一小部分。

赖小民利用手中掌握的金融资源和权力，大搞幕后交易，大肆侵吞国有金融资产，受贿金额高达17.88亿元。实施受贿犯罪多达22起，有3起受贿犯罪金额分别在2亿元、4亿元、6亿元以上，另有11起受贿犯罪金额均在1 000万元以上，涉及企业融资、工程承揽、项目开发、工作调动、职务提拔等多个领域[①]。

2021年1月，赖小民因受贿罪、贪污罪、重婚罪被判处死刑，剥夺政治权利终身，并处没收个人全部财产。

赖小民案发后，随着中国共产党中央纪律检查委员会的介入和监管机关的内部彻查，华融内部各种爆雷和不实业绩纷纷现形。华融国际信托有限责任公司卷入"中弘退"债务、"踩雷"东方金钰，2020年报表收入居然是-22.88亿元、亏损59.62亿元。2022年7月29日，华融证券更名为国新证券后，国新证券发布的公司债券中期报告（2022年）披露，公司发起的标的金额在2 000万元以上的未决诉讼共45起，不含利息和违约金的本金共计197.44亿元，多与股权质押业务"踩雷"有关，贾跃亭、北京神雾、*ST天马、*ST保千、贵人鸟等赫然在列。贪腐的代价是公司的财产损失，大范围的巨额贪

---

① 赖小民案一审审判长答记者问 [N].人民日报，2021-01-30（07）.

腐更是公司的天价损失。

多因一果，2023年华融脱离财政部直管序列，"下嫁"中信集团，四大资产管理公司24年比肩驰骋成为江湖旧事；赖小民的人生也在经历59年的起伏后走向落幕，留给股东和公司的只剩满地狼藉。

治理失效：只手遮天，障碍全无

华融作为国有企业、上市公司，不仅按要求建立了"三会一层"治理架构，还设立了战略发展委员会、风险管理委员会、关联交易委员会、审计委员会、提名与薪酬委员会等五个专门委员会，三会议事规则、专门委员会工作规则、独立董事工作规则、总裁工作规则一应俱全，公司组织架构中设有内部业务审查部、风险管理部、法律事务部、审计部、纪委监察室、党委巡视办公室等监督管控部门，这些都没能防止华融的巨额亏损和内部贪腐，"机会"是怎么出现的？

一、治理缺位，决策层代替经营管理层

2015年，刚刚上市的华融董事会中有12名董事。其中，3名执行董事（分别是董事长赖小民、总裁柯卡生和副总裁王克悦），5名不在华融领取薪酬的非执行董事，4名从华融领取袍金的独立非执行董事。

华融年报披露，2016年华融共召开5次股东大会，执行董事、总裁柯卡生仅参加1次，召开10次董事会，柯卡生仅参加2次。2017年8月，华融发布公告称柯卡生辞职，这一年没有柯卡生参加股东大会、董事会的记录。也就是说，总裁柯卡生大概在2016年第一季度之后就没再履职参加公司的重要会议了。其中原因不得而知，但一定与赖小民不无关系。柯卡生多次缺席董事会，导致经营管理层在华融的声音渐弱。

另一位执行董事、59岁的副总裁王克悦，于2016年9月9日被董事会免去执行董事、副总裁职务，转任公司副董事长、非执行董事。另一位副总裁王利华，于2017年4月12日经中国银行业监督管理委员会核准后正式履职出任华融执行董事。8个月的时间里，华融董事会中仅有赖小民一名执行董事出席会议，董事会里没有了经营管理层的声音。

柯卡生不在位，赖小民代为履行职责。国有企业"三重一大"事项均须会议集体决策，直接召开总裁办公会不太合适，赖小民就违反公司章程，通过召开董事长办公会、董事长专题会等非法定的决策形式进行决策[①]。这就为赖小民推动华融无序扩张、违规设立子公司、偏离主责主业铺平了道路。

成立子公司，特别是成立海外分支机构，使得违规的事情做起

---

① 钟纪言.赖小民案以案促改工作启示［EB/OL］.（2021-01-18）. https://www.ccdi.gov.cn/toutiaon/202101/t20210118_98742.html.

来更加方便。很多事情可以不用上会讨论决策了，即使违规也只是子公司或海外分支机构违规，自己只要能越级插手具体项目就可以了。2017年，华融的非金子公司数量达到27家，较2014年末增加了18家。境外业务的扩张尤为突出，境外直管机构新增7家，国际业务资产总额由2015年末的604亿元增至2017年末的2 747亿元，增长了354.5%。机构迅速膨胀之时，正是鱼龙混杂、泥沙俱下之际，也是有心人浑水摸鱼之机。

二、任人唯亲，内部控制基础破坏殆尽

赖小民时代的华融，从管理层、高管到食堂大厨，有许多看似不同身份、没有瓜葛的人却有一个共同的特征——来自江西。华融员工都知道，如果某个人的晋升通道格外顺利，那么大概率是有"36局"的身份作为支撑。所谓"36局"，指的就是华融公司内部的"江西老乡会"，因为江西省身份证号的前两位是36，故得此称号①。

"江西同乡会，食堂空一半"或许是一句戏言，但与赖小民"利益均沾"、进行抱团腐败的小团伙确实存在。赖小民"安排多名亲信把持境内外子公司的重要岗位，相互勾结、逐步演变为贪腐团伙，严重污染华融系统政治生态"②。2012年9月，赖小民成为华融

---

① 唐郡，俞燕. 金融第一贪：赖小民死刑［J］.财经，2011（2）.
② 钟纪言.赖小民案以案促改工作启示［EB/OL］.（2021-01-18）. https://www.ccdi.gov.cn/toutiaon/202101/t20210118_98742.html.

党委书记、董事长之后，10月上任的两名党委委员、副总裁熊丘谷和王利华分别是江西靖安人、江西湖口人[①]。这两人与赖小民2015年提拔的江西籍总裁助理杨国兵，在赖小民案发后的2018年11月27日，同一天辞职。

领导班子里有几个相互配合的"伙伴"，关键单位的核心岗位安排好唯命是从的"跟班"，不服从的就排挤出去。华融国际原董事长汪平华在纪录片《国家监察》中说道："在自己内部集团发展，你想获取多大资源支持，都是老赖'一支笔'说了算。你要是一次能顶他，如果顶两次、顶三次，我估计你的工作岗位就调整了，因为我们也有活生生的例子。"赖小民利用"一把手"的权力，在企业内部编织了一个以他为中心的关系网，重要岗位由利益链条上的人把持。如此一来，看似严密的公司治理机制和内部控制便被架空，公司由内部人实际控制，受托人背离委托人，董事会、监事会、内控制度流程全都没有了意义。

查办赖小民案件后，华融共对违规破格提拔的54人次中层管理人员进行组织处理[②]。这正是赖小民用自己手中的人事权排斥异己、任人唯亲，将国有企业当作自己的私人领地的例证。

---

① 华融公司2015年度报告。
② 钟纪言.赖小民案以案促改工作启示［EB/OL］.（2021-01-18）. https://www.ccdi.gov.cn/toutiaon/202101/t20210118_98742.html.

三、监督滞后，风险积聚助长贪腐气焰

从外部监督看，事务所报表审计没能发挥作用。财政部的处罚决定称，德勤在为华融提供审计服务期间，未保持职业怀疑态度，未有效执行必要的审计程序，未获取充分适当的审计证据，存在严重的审计缺陷。给予德勤总所警告；暂停德勤北京分所经营业务3个月；没收德勤北京分所违法所得并处罚款21 190.44万元，给予2名签字注册会计师吊销注册会计师证书，3人暂停执行业务1年，3人暂停执行业务6个月，6人警告的行政处罚。华融年报显示，2015—2019年，华融共支付财务报表法定审计费用和中期审阅费用12 630万元，其中2015年审计费为1 140万元，按此价格估算，2014—2019年年报、半年报审计收费约为13 770万元。德勤被罚没21 190.44万元，意味着德勤不仅6年的审计白做，还要倒贴7 420万元，创下国内会计师事务所的最高处罚纪录。

上级机关对赖小民的经济责任审计、财政部门的会计质量检查、银监会保监会证监会的业务监管也没能及时发现并"暴露"华融长期大范围的严重内部控制失效和会计信息严重失真的现象。

内部监督更是没能发挥作用。华融董事会设有审计委员会，共有6名委员。审计委员会负责监督公司内部控制、监督和评价公司内部审计工作，同样未发挥出应有的作用。监事会也未履行好对董事、公司高级管理人员执行公司职务行为的监督责任。

赖小民身为党委书记应主动接受同级纪委监督、身为董事长要自觉接受监事会监督，这是《中国共产党章程》的规定、《中华人民共和国公司法》的要求。事实上，赖小民自己就是拒绝监督、破坏流程的典型。"党委书记、董事长、法人都是我一个人挑，纪委书记都还是自己党委下面管，他哪有多少权威啊？纪委书记是我的党委委员、我的部下，说句实话，他很难监督我。"赖小民在落马后这样说。对于华融纪委的工作，赖小民更是要求藏事、掩事、抹事，甚至干预案件查处，将"不发一案、不倒一人"作为口号在内部会议上宣扬。

四、上行下效，破窗效应放大贪腐文化

风自火出，无孔不入。贪腐之风来自企业资源的燃烧之火，一旦刮起，便会火借风势、风助火威，四处蔓延、愈演愈烈。上有所欲，下必甚焉。赖小民急功近利、目无法纪、违法腐化只是一个开始，更可怕的是带坏了华融的企业风气，赖小民的"身边人们"按捺不住，纷纷开始变现自己手中的权力。

楚王好细腰，宫中多饿死。彼时的华融，工作做得好不好成了次要的事，能不能和董事长攀上点"亲戚关系"，得到董事长的提拔才是主要的。本末倒置之风在企业内大行其道，公司内部哪里还有"不忘初心、牢记使命，谦虚谨慎、艰苦奋斗"的口号，哪里还

会有求真务实、积极向上的企业文化！破窗之下，"进圈子、有位子、谋利益、假业绩"的企业文化日益盛行。

内部环境已被污染破坏，再谈"用制度管人，用流程管事"，也就是说来听听。赖小民带头违纪违法，华融上下的内部控制和流程失去了存在的基础。"赖小民身为华融党委书记、董事长，对下属员工负有监督管理职责。其在察觉下属可能利用职务便利收受贿赂的情况下，不仅不予以制止，反而与下属分别利用各自职权，为同一行贿人请托的同一事项提供帮助，并分别收受贿赂"[1]。董事会集体决策制度、监事会日常监督机制很难落到实处，制度流程在"人治"的环境下只会沦为摆设。

赖小民案发后，在中国银行保险监督管理委员会组织的自查整改中，对华融违纪违法的线索，立案查处的有25件，牵扯腐败干部近百人。在2018年赖小民处分决定通报后，华融内部多名干部在反思材料中主动交代曾给赖小民送礼品礼金、存在违规选人用人等问题[2]，足见华融内部腐败的普遍。赖小民案发后，有关部门推动追回涉案项目资金、挽回国有资产损失过百亿元。

---

[1] 赖小民案一审审判长答记者问[N].人民日报.2021-01-30（07）.
[2] 钟纪言.赖小民案以案促改工作启示[EB/OL].（2021-01-18）.https://www.ccdi.gov.cn/toutiaon/202101/t20210118_98742.html.

国企治理："一把手"监督的重中之重

往者不可谏，来者犹可追。国有企业都是事关我国国计民生、国防安全的基础性行业，占据行业主导地位，是国民经济的重要支柱。国有企业规模庞大、业务复杂，在委托代理模式中，企业"一把手"的履职情况影响着公司的发展和国有资产的保值增值。早在2015年，国务院国资委研究中心副主任彭建国就指出：国企成为腐败的重灾区，首要原因就是国企负责人的权力过于集中在"一把手"手中[①]。国有企业"一把手"大权在握，履责或贪腐，一念之间的决定便会彻底改变企业的发展方向。在国企"一把手"中，不乏振兴国企的栋梁之材，如"央企传奇掌门人"宁高宁、"双料董事"宋志平等，国有企业在他们的治理下走向繁荣强大。

经过四十余年的发展和改革，国有企业的治理管控体系日渐完善，但赖小民的案例表明，"一把手"突破监管底线损害国家利益的空间仍然存在，这更加凸显出加强对国有企业"一把手"监督的重要性。

一、分权而治，形成约束权力制度体系

习近平总书记指出："坚持党对国有企业的领导是重大政治原

---

① 赵玲玲. 国务院国资委研究中心副主任彭建国：国企一把手权力过于集中[N]. 中国企业报，2015-02-09.

则，必须一以贯之；建立现代企业制度是国有企业改革的方向，也必须一以贯之。"

进一步把加强党的领导和完善公司治理统一起来，构建中国特色现代企业制度是规范公司"一把手"行为、降低贪腐和舞弊的"机会"、避免赖小民之流权力滥用的根本之策。国有企业党委（党组）"把方向、管大局、保落实"，董事会"定战略、做决策、防风险"，经理层"谋经营、强管理、抓落实"[1]。小智治事，大智治制。要确保治理主体不缺位、不越位，不相互替代、不各自为政，就需要通过制度，形成边界清晰的权责范围，实施清单化管理。从定性和定量两个维度，准确把握党委、董事会、经营层的职责范围，制定党委会议决策事项清单、党委前置研究讨论事项清单，建立量化分级决策机制，明确董事会职权与决策清单以及总经理职权与决策清单。

同时，要有内部管理分工和会议制度作为保障。通过控制国有企业"一把手"直接分管事项，合理分解"一把手"权力，突出"一把手"的监管作用。"一把手"不直接分管财务、人事、工程项目和物资采购等工作，建立"正职监管、副职分管、集体领导、民主决策"的权力制约监督模式[2]。通过这样的企业内部分权、权力互相约束，优化企业内部权力配置，形成领导班子成员内部相互制

---

[1] 《深化国企改革三年行动实施方案（2020—2022年）》。
[2] 四川省巴中市纪委：四川巴中恩阳区"五不直管"规范"一把手"权力［EB/OL］.（2014-06-16）.https://www.ccdi.gov.cn/gzdt/dfzf/201406/t20140613_151708.html.

约和协调的权力运行闭环，便于"一把手"把主要精力用在掌控全局和宏观把握上，并加强对这些事务执行、落实情况的监督。

此外，还要坚持"一把手"轮岗交流制度。在保证干部队伍相对稳定的前提下，对在一家企业任职到一定时间的"一把手"进行轮岗交流。这样做，既有利于增强企业活力，也有利于减少权力滥用的机会，避免"心怀不轨"的"一把手"长期待在同一家企业"占山为王"，形成腐败"山头"。

二、岗位轮换，避免成圈子、聚山头

管理人员长期固定于一个岗位工作的弊端，是可能让其利用因长期工作而熟悉的管理漏洞去窃取或损害组织利益。在同一公司任职时间过长，就会给"别有用心"的"一把手"暗中"招兵买马"的机会，久而久之，便会形成打着"一把手"旗号的团队或圈子。实行岗位轮换制度，可以让各大国企的"一把手"进行周期性流动，在不同岗位之间锻炼"一把手"能力的同时，避免可能发生的利用职务功能进行"抱团腐败"的现象。近年来，各大国有银行、驻派银行纪检部门，一直在推动岗位轮换制度，对潜在的腐败风险进行有效防范。在推进岗位轮换制度的同时，还要保障离任审计的有效性。离职不是贪腐官员的"避风港"，要避免把"烂摊子"留给下一任的情况发生。要持续加强对离职公职人员的监督管理，做好离任审计，重点关注其任职期间相关问题和决策情况，防止带"病"离职①。

同时，在岗位轮换的过程中，除了关注"一把手"以外，也应注意"一把手班子"的构成。老乡的身份难免生出别样的情谊。遥想当年赖小民的"江西帮""36局"，便是依靠同乡的身份，成圈子、聚山头，逐渐形成大规模腐败的例子。

当局者迷，旁观者清。为了避免"一把手"变"山大王"，就要在决策层中加大与"一把手"没有直接利益牵扯的外部人员的话语权。外部董事不是由国有企业自行选聘的，而是由履行国有资产出资人职责的国资委或财政部选任的，行政上不受企业党委书记、董事长的领导，可以独立履行做决策、强监督的职责。保持董事会中外部董事半数比例，可以对"一把手"的决策形成有效制约和监督。对于公司所做决策以及经营、管控的异常情况，外部董事向出资人报告，能更好地督促董事会规范有效运行，并在出现问题时及时止损②。

---

① 韩思宁.退休不是贪腐保险箱［EB/OL］.（2023-05-31）. https://www.ccdi.gov.cn/pln/202305/t20230531_267082.html.
② 国务院国资委2021年下发的《中央企业董事会工作规则（试行）》。

三、全面监督，加强对"一把手"履责的管控

没有监督的权力必然产生腐败。国有企业"一把手"被赋予重要权力，担负着治企兴企的重要责任，通过融合巡视监督、纪检监督、审计监督和群众监督，以常态、有效的监督促使其担当作为、廉洁自律。

习近平总书记强调：对各级"一把手"来说，自上而下的监督最有效，各级党委（党组）要加强对所管理的领导干部特别是主要领导干部的监督[①]。要通过强有力的监督促使其做到位高不擅权、权重不谋私。巡视和审计是上级监督的重要手段，例行巡视与不定期的机动巡视、专项巡视相结合能更好地形成震慑。日常的审计监督有利于问题的发现，对国有企业的经营管理情况开展大数据的实时采集，通过信息化手段的应用、风险预警模型的不断完善、同类企业各类数据的比较，及时发现企业经营的违规和异常情况。

及时、有效的上级监督，能有效降低"一把手"贪腐和舞弊不会被发现的预期，增加其"暴露"的概率，自然会减少损害企业行为的发生。上级机关的监督还要与企业内部员工监督相结合。国有企业"一把手"想要绕过监管，往往会在对"上"的检查中下足功夫，但是谎言永远不可能是完美的，必然有许多问题暴露在内部员

---

① 中共中央关于加强对"一把手"和领导班子监督的意见[N].人民日报，2021-06-02（01）.

工面前。可以通过工会、职工代表大会发动职工群众，民主参与公司经济活动和管理活动，健全企务公开制度，促进企业决策民主；畅通信访举报通道，保障职工群众行使批评、建议、申诉、控告和检举的权利。多方监督，共同发力，更好地将国有企业"一把手"的权力关进制度的笼子。

思考题

1. 华融这种"一把手"治理方式导致问题的根源在哪里？
2. 为什么金融行业的治理比其他行业更重要？
3. 如何做到既能约束国有企业"一把手"又能发挥其企业家精神？

华融大事记

· 1999年，华融的前身中国华融资产管理公司成立。

· 2001年，获得金融租赁业务牌照，成立华融金融租赁股份有限公司。

· 2006年，四大资产管理公司陆续完成处置不良资产的任务，开始全面推进商业化转型。

· 2007年，获得证券牌照。

· 2009年，赖小民调任华融党委副书记、总裁。

· 2010年，首次获得银行牌照。

· 2012年，赖小民担任华融党委书记、董事长，其间华融持续激进扩张。

·2014年,进行股份制改革,引入华平集团等7家战略投资者投资145.43亿元。

·2015年,华融在香港联交所上市;华融获得消费金融牌照。

·2017年,被评为"最会赚钱的前30家中国企业"。

·2018年,赖小民被捕;华融内部问题逐渐暴露。

·2019年,财政部开始逐步减持华融股份,当年持股61.41%。

·2020年,因违规收购个人贷款等8项违法违规行为被中国银行保险监督管理委员会处罚,罚款2 040万元。

·2021年,华融2020年业绩未能在2021年3月底公布,从4月1日起在香港联交所停止交易;11月17日,华融发布公告称,通过定增引入战略投资者及财务投资者,向中信集团、中保融信基金、信达资产、工银投资、中国人寿合计募集资金419.99亿元。

·2022年,因尽职调查严重失职等6项违法违规问题被中国银行保险监督管理委员会处罚,罚款230万元。

·2023年,2014—2019年度因华融存在内部控制和风险控制失效、会计信息严重失真等问题,财政部对华融及其审计机构德勤华永做出行政处罚。

参考文献

苏龙飞.资本主导股权连环局：雷士照明创始人三振出局［J］.新财富，2012（7）:98-108.

陈润.吴长江：从赌徒到斗士［J］.企业观察家，2014（9）:38-41.

黄剑.商业|吴长江 中国式出局者［EB/OL］.（2018-01-03）.http://www.nfpeople.com/index.php/article/3088.

老刘说惠商（刘清伟）.雷士照明的巅峰与分家大戏［EB/OL］.（2018-12-07）.https://www.sohu.com/a/280269813_100244828.

移投行家族办公室.移投行：中国最悲情的老板，在资本的"血海"中讲江湖道义，曾呼朋引伴扛起雷士大旗啸傲九州三十省［EB/OL］.（2021-04-21）.https://www.163.com/dylartide/G83p6NDLO55223EN.html.

邓元杰.寻找消失的ofo［J］.中国中小企业，2020（9）:44-47.

刘启腾.从ofo小黄车兴衰史看共享经济怪圈［J］.现代商业，2022（11）:3-5.

徐翔.OFO的寒冬［J］.中国储运，2018（11）:82-83.

焦丽莎.单车死结［J］.中国企业家，2018（Z1）:28-38.

屈丽丽.ofo溃败：曾估值200亿人民币，资本虚火与公司僵局［EB/OL］.（2018-12-29）.https://baijiahao.baidu.com/s?id=1621138903059951805&wfr=spider&for=pc.

龚进辉.ofo坠入深渊，戴威难辞其咎［EB/OL］.（2020-07-18）.https://new.qq.com/rain/a/20200718A09JZD00.

焦丽莎，翟文婷.ofo一票否决权真相［EB/OL］.（2018-12-22）.https://www.jiemian.com/article/2731088.html.

李成东.ofo是怎么"死"的？［EB/OL］.（2019-05-19）.https://zhuanlan.zhihu.com/p/56252339.

陶炜.深康佳土地门仲裁败诉疑点重重 面临股东诉讼［EB/OL］.（2014-08-02）.https://finance.sina.com.cn/stock/s/20140802/115919894890.shtml.

陶炜.四个董事会席位被拿下 中小股东夺取深康佳控制权［N］.大众证券报，2015-05-29.

李春平.中小股东"逆袭" 深康佳A董事会"变天"［N］.新京报，2015-06-08.

李春平.康佳两周两换董事长：欲借高管互联网背景转型［N］.新京报，2015-06-23.

庞丽静.康佳内斗：董事会里的战争［N］.经济观察报，2015-06-28.

陶炜.小股东"夺权"50天［J］.董事会，2015（8）：36-43.

刘丹就任深康佳总裁3个月即被暂停职务［DB/OL］.每日经济新闻.（2015-09-14）.https://lmtw.com/mzw/content/detail/id/121523/keyword_id/-1?mz_refresh=1669035018.

杜冬东.康佳董事会变局［J］.新财富，2015（11）：74-85.

郑国坚，蔡贵龙，卢昕."深康佳"中小股东维权："庶民的胜利"抑或"百日维新"？——一个中小股东参与治理的分析框架［J］.管理世界，2016（12）:145-158.

付国良.方正集团的生与死（3）：纷争迭起［EB/OL］.（2021-11-19）.https://zhuanlan.zhihu.com/p/435171143.

金冠时.改制15年后，中国最大校企方正集团被诉"改制无效"［EB/OL］.（2019-06-16）.https://www.guancha.cn/economy/2019_06_16_505794_2.shtml.

刘工昌.深度解析北大方正解体之谜［EB/OL］.（2021-07-19）.http://k.sina.com.cn/article_1444893750_561f543600100upti.html.

长帆."最牛校企"方正集团濒临破产：经历多轮内斗 负债超3000亿［EB/OL］.（2020-02-26）.http://k.sina.com.cn/article_7317133861_1b4229a2500100oyi6.html.

于宁，郑斐.方正改制考［J］.新世纪周刊，2011（48）：62-71.

庞东梅.以习近平新时代中国特色社会主义思想统领各项工作［N］.金融时报，2017-11-17（001）.

杨杰.把民主集中制制度优势转化为国有企业治理效能［J］.党

建研究，2022（5）:10-12.

肖鸣政,萧志颖.当前管理人员岗位轮换的问题与改进［J］.中国行政管理，2009（4）:16-20.

后记

自2012年以来,我一直在学校给工商管理硕士(MBA)上"公司治理"这门课程。从一开始的摸索阶段到后来逐渐形成自己的一套体系,并且每年都在更新课件内容,我发现,这门课程受到越来越多的学生欢迎,很多学生甚至要用上全部的选分才能选上这门课程。虽然学生的喜欢让我感到非常荣幸,但也给我带来了不少压力,逼着我不停地做课程研发。

尽管我从硕士研究生开始做的研究就跟公司治理有关,比如独立董事的作用、大股东如何掏空中小股东等,直到今天这些研究还具有一定的生命力,但真正让我对公司治理有了更深层面的理解源于我后来做了不少上市公司的独立董事,参与了很多董事会的决策。这让我体会到,民营企业和国有企业对产权治理会使用不一样的方法,也体会到作为独立董事游走在"花瓶"跟"监督"角色边缘的尴尬。

更让我有所悟的是2014—2019年,这是"大众创业、万众创新"的年代。因为我不满足于只做一名教授,所以我勇敢地投身于创业的浪潮。我不仅跟几位高校老师创办了新三板智库,拿到了上千万元的融资,轰轰烈烈地开展了创业,还跟几位朋友一起拿了好几千万元融资去做创业投资(VC),结果却是一地鸡毛。

直到2019年底,我把创业投资的事情进行了收尾,开始真正回归学术研究。我就在想,我还能做点什么?其中一个事情就是对自己的创业进行了深刻的反省,因此,我想写书,写成系列的书。我很喜欢吴晓波先生写的《大败局》,他写的书我已经读了很多遍,还是觉得很有启发。在我看来,很多人在谈如何成功的时候都是在贩卖"心灵鸡汤",真正能给大家带来收益的,还不如讲"如何失败"。于是,我认真地准备了一门课程叫"投资是如何失败的"。在后来对自己的创业及投资失败的复盘当中,我深深地感受到,这些失败很大程度上来源于公司治理的失败,里面有很多错误是可以借鉴的。

在筹划《公司治理那些事儿》的案例时,我想了很多,准备了很多案例,但最终筛选出9个案例给大家阅读。这远远不够,这9个案例只能说是抛砖引玉,以后还可以出版第二本《公司治理那些事儿》。

要感谢广东经济出版社的厚爱,谢谢亚平的跟进。还要感谢那些跟我一起准备案例的小伙伴们,每当我对案例提出意见时,他们都能很快做出修改。我对他们的要求是可以写出一个还不错的案例,日后当别人谈到这家公司时,都能想到你写的案例。当然,这不一定能做到,但是他们很努力地去做了,这对年轻人来说已经足够了,有错误是难免的,也希望能够得到大家的宽容。

我有幸身处在这个时代,见证了这40多年来中国乃至世界的发展。当我从创业投资中抽身回来，准备重新投身于学术研究的时候，我给自己的定位是做一个有良心的知识分子，继续深入理解中国的制度背景，做一个学者可以做的事情。

罗党论

2023年11月28日